ALEXANDER HÖSS-KNAKAL

KOCHEN WIE IN ÖSTERREICH

ALEXANDER HÖSS-KNAKAL

KOCHEN WIE IN ÖSTERREICH

VORWORT

Ich bin in einem Elternhaus aufgewachsen, das in Wien einen großen Restaurantbetrieb innehatte. Das hat mich von klein auf geprägt und so war der Wunsch, selbst als Koch kreativ zu wirken, schon in meiner frühen Jugend tief in mir verankert. Meine Lehre absolvierte ich in Wien, um danach viele Stationen im In- und Ausland zu durchlaufen, bis ich 1997 erneut in Wien im Restaurant von Werner Matt mein Können im Bereich der österreichischen Küche unter Beweis stellen konnte.

Besonders gern erinnere ich mich an die Marillenzeit in meiner Kindheit, sie ist für mich kulinarische Heimat und ganz typisch für Österreich: Wenn im Juli die Marillen in der Wachau reif waren, holten meine Mama und ich die Früchte direkt vom Bauern ab. Zu Hause durfte ich diese entkernen und mit einem Würfelzucker füllen. Meine Mama machte den Topfenteig und im Nu waren die Knödel auch schon mit vielen Butterbröseln ummantelt und mit Puderzucker bestreut auf unseren Tellern. Die ganze Familie saß um unseren großen Tisch und wir aßen mit Genuss die süßen Knödel.

Heute wie damals sind mir hochwertige Zutaten besonders wichtig. Vor allem bei Fleischprodukten lege ich größten Wert auf artgerechte Tierhaltung und einen respektvollen Umgang mit den Lebewesen. Die österreichische Küche verlangt neben frischen Zutaten auch Mut, kräftig zu würzen – denn ein bisserl mehr an Zwiebel und Knoblauch hat noch keinem Gericht geschadet. Das liegt vielleicht auch an den Einflüssen der ungarischen, böhmischen, norditalienischen und französischen Küche auf die österreichischen Klassiker. Dieses Kochbuch soll ein traditionelles Nachschlagewerk für die typische österreichische Küche sein. Kochen soll Spaß machen! Die Freude, die ich beim Kochen und beim anschließenden Essen empfinde, wünsche ich auch Ihnen und allen, die Sie um Ihren Tisch vereinen.

An Guaden, Ihr
Alexander Höss-Knakal

ÖSTERREICH-BUCKET-LIST

- **SCHLOSS SCHÖNBRUNN IN WIEN** Sich wie eine Kaiserin fühlen und auf Sisis Spuren wandeln.
- **NATIONALPARK HOHE TAUERN** Naturgewalten an den höchsten Wasserfällen in Europa erleben.
- **WIEN VON OBEN SEHEN** In das Riesenrad am Prater steigen und die Aussicht genießen.
- **AUSTRIA-ROCK IM OHR** Die Reise durch Österreich mit Austria 3 und Hubert von Goisern begleiten.
- **EIN KAFFEEHAUS IN WIEN BESUCHEN** Sachertorte in opulentem Ambiente genießen.

DIE FEINE MISCHUNG

LÄNDER-QUICKIE

Nicht nur der Wiener Schmäh und die Kaffeehauskultur sind weit über die Grenzen Österreichs hinaus bekannt. Das Land besticht durch seine einzigartige Landschaft, deren Gegebenheiten auch die zahlreichen Köstlichkeiten des Alpenstaates mit beeinflussen. Tauchen Sie ein in die Besonderheiten eines kleinen, aber feinen Landes mit facettenreichem Charme, beeindruckender Natur und kulturellen Highlights.

Je länger der Bergkäse reift, desto würziger schmeckt er.

Süß und saftig schmeckt die Marille frisch vom Baum, in Quark- oder Strudelteig gehüllt oder als Konfitüre.

1 Die Kühe auf den Almen Österreichs finden reichlich frische Kräuter, die für den würzigen Geschmack von Bergkäse verantwortlich sind. Salz sorgt für seine Naturrinde.

2 Die echte Wachauer Marille darf nur in einem bestimmten Gebiet in der Wachau angebaut und als solche vermarktet werden.

3 Eine Buschenschank, in der nur Hausgemachtes serviert werden darf, erkennt man an den am Eingang angebrachten Büscheln von Nadelbaumzweigen.

4 Seit 60 Jahren feiert das Steirische Salzkammergut Ende Mai mit dem Narzissenfest das größte Blumenfest Österreichs.

5 Wien besitzt mit gut 650 Hektar die weltweit größte Weinanbaufläche innerhalb einer Stadtgrenze. Eine Spezialität ist der Weißwein »Wiener Gemischter Satz«.

DIE TOP-5-ZUTATEN

HELDEN DER KÜCHE ÖSTERREICHS

Top 1: Paprika

Christoph Kolumbus brachte das scharfe Gewürz nach Europa, und damit auch nach Österreich. Heute sind sowohl Paprikaschoten als auch Paprikapulver aus unserer Küche nicht mehr wegzudenken. Chili und in Öl eingelegte Pfefferoni toppen die Käsekrainer in den Semmeln am Würstelstand. Und Paprikapulver verleiht vielen Gerichten den richtigen Pep.

Top 2: Kürbiskernöl

Es ist das grüne Gold der Steiermark! Natürlich wird das Öl nicht nur in der Steiermark produziert, in ganz Österreich sieht man im Herbst große Felder, auf denen die gelblichen Ölkürbisse wachsen. Ihr dunkelgrünes, dickflüssiges Öl hat einen angenehm nussigen Geschmack, mit dem wir Salaten und vielen anderen Gerichten das besondere Etwas verleihen.

Top 3: Mehl

Im Land der Knödel und Mehlspeisen spielt, wie der Name schon sagt, Mehl eine wichtige Rolle. In österreichischen Küchen kommt klassischerweise vor allem Weizenmehl zum Einsatz. Type 405 verwenden wir eher zum Backen, griffiges Mehl der Type 550 für alle Gerichte, die im Wasser gekocht werden. Unsere Bäckereien stellen aber auch Brote aus anderen Mehlsorten her.

Top 4: Semmel

Eine knusprige frische Semmel sollte bei keinem Frühstück fehlen. Typisch bei uns und ein wahrer Genuss ist eine echte Handsemmel mit ihrem sternförmigen Muster an der Oberseite. Zur Bratwurst, als Unterlage für Leberkäse oder Wurst, aber auch zum Gulasch ist sie ein fester Bestandteil. Gerade in Wien wurden wieder viele kleine Bäckereien eröffnet, die die Handsemmel hochleben lassen.

Top 5: Kartoffeln

Wir nennen sie Erdäpfel und obwohl die Kartoffel landläufig nicht als besonders extravagante Zutat gilt, verwenden wir sie in Österreich richtig gerne. Wir sind eben ein bodenständiges Völkchen. Suppen, Knödel, Salat und Süßspeisen zaubern wir aus der Knolle. Und weil sie gar so vielseitig ist, können wir von ihr gar nicht genug bekommen.

Die Küche Österreichs ist vor allem eines: deftig. Eintöpfe, Knödel, Süßspeisen und Braten geizen nicht mit Kalorien, aber auch nicht mit Geschmack. Genießen Sie Alpenküche von Vorarlberg bis in die Steiermark, in der auch meine Top-5-Zutaten immer wieder zum Zug kommen, und schicken Sie Ihren Gaumen mit Kaspressknödeln und Co. auf Kurzurlaub.

1
4
2
5
3

SUPPEN UND VORSPEISEN

Die Suppen und Vorspeisen der österreichischen Küche sind gleichzeitig richtige Sattmachergerichte, wenn sie in der entsprechenden Portionsgröße serviert werden. Denn Kartoffeln, Knödel, Spätzle, Eier und Frittiertes spielen im Alpenstaat auch vorneweg die Hauptrolle.

SPECKKNÖDLSUPPN

SPECKKNÖDELSUPPE

Das A und O für eine gute Suppe ist eine selbst gekochte Brühe. Wer dafür keine Zeit findet, kann sich auch mit Rinderfond aus dem Glas behelfen oder einfach einen grünen Salat zu den Speckknödeln essen – so wie das auch die Österreicher manchmal tun.

Für 4 Portionen
45 Min. Zubereitung
3 Std. Garen
Pro Portion: ca. 625 kcal

FÜR DIE RINDERBRÜHE

1 große Zwiebel
250 g Suppengrün
1 kg Rindfleisch (z. B. Beinfleisch oder Tafelspitz)
1 Lorbeerblatt
5 schwarze Pfefferkörner
frisch geriebene Muskatnuss
Salz

FÜR DIE SPECKKNÖDEL

7 Brötchen (ca. 350 g)
4 Stängel Petersilie
2 Stängel Majoran
3 Knoblauchzehen
2 Zwiebeln
150 g durchwachsener Räucherspeck
50 g Karreespeck
2 EL Butter
250 ml Milch
3 Eier
Salz, Pfeffer
500 g Butterschmalz

....

Tipp: Das gekochte Fleisch entweder zu einem Rindfleischsalat weiterverarbeiten oder klein gewürfelt mit in die Suppe geben.

1 Für die Brühe die Zwiebel halbieren. Eine Pfanne mit Alufolie auslegen, erhitzen und die Zwiebel mit der Schnittfläche nach unten darin fast schwarz rösten. Suppengrün waschen, putzen und grob schneiden.

2 In einem großen Topf Wasser aufkochen lassen, Rindfleisch einlegen – es soll mit Wasser bedeckt sein – und offen bei großer Hitze kochen lassen. Zwischendurch den Schaum auf der Suppe mit einem Schaumlöffel abschöpfen. Nach 1 Std. Garzeit das Suppengrün, die Zwiebelhälften, Lorbeerblatt, Pfeffer und Muskat zugeben und das Fleisch in weiteren 2 Std. weich köcheln, dabei sollte es immer mit Flüssigkeit bedeckt sein.

3 Inzwischen für die Knödel die Brötchen 1 cm groß würfeln und in eine Schüssel geben. Die Kräuter waschen, trocken schütteln, die Blättchen abzupfen und diese fein hacken. Knoblauch und Zwiebeln schälen und zusammen mit dem Speck fein würfeln. Die Butter in einem Topf schmelzen, Knoblauch, Zwiebeln und Speckwürfel darin andünsten und mit der Milch ablöschen. Milchmischung über das Knödelbrot gießen und 10 Min. ziehen lassen.

4 Eier, die Hälfte der Petersilie und den Majoran untermischen und den Teig mit Salz und Pfeffer würzen. Mit angefeuchteten Händen daraus kleine Knödel formen. Butterschmalz in einem weiten Topf stark erhitzen. Wenn an einem ins Fett gehaltenen Holzkochlöffelstiel Bläschen aufsteigen, ist es heiß genug. Die Knödel darin portionsweise in je ca. 5 Min. schwimmend goldbraun ausbacken, mit einem Schaumlöffel aus dem Fett heben und auf Küchenpapier entfetten. Brühe durch ein Sieb gießen mit Salz und Muskat abschmecken. Knödel auf vier tiefe Teller verteilen, mit Brühe übergießen und mit der restlichen Petersilie bestreuen.

GEBACKNE SCHWAMMERL

GEBACKENE STEINPILZE

Für 4 Portionen
45 Min. Zubereitung
Pro Portion: ca. 1130 kcal

2 sehr frische Eigelb
2 Spritzer Weißweinessig
1 TL Estragonsenf
½ TL Zucker
Salz, Pfeffer
160 ml Sonnenblumenöl
1 kleine Zwiebel
1 mittelgroße Essiggurke
2 Sardellenfilets
je 2 Stängel Kerbel und Petersilie
Saft von ½ Zitrone
1 EL Kapern
800 g Steinpilze
Worcester-Sauce
4 Eier
300 g Weizenmehl (Type 550)
300 g Semmelbrösel

AUSSERDEM
1 l Öl zum Frittieren
2 Stängel Kerbel
grobe Meersalzflocken
4 Zitronenspalten

1 Für die Remoulade Eigelbe, Essig, Senf, Zucker Salz und Pfeffer in einer Schüssel mit den Rührbesen des Handrührgeräts auf höchster Stufe cremig schlagen, dabei unter ständigem Rühren das Öl nach und nach zuerst tröpfchenweise, dann in dünnem Strahl dazulaufen lassen, bis eine standfeste Mayonnaise entstanden ist. Zwiebel schälen und zusammen mit Essiggurke und Sardellen fein würfeln. Kerbel und Petersilie waschen, trocken schütteln, die Blättchen abzupfen und diese fein hacken. Mayonnaise, Zwiebel, Gurke, Zitronensaft, Sardellen, Kapern und Kräuter gut vermischen.

2 Die Pilze putzen. Kleine Steinpilze halbieren, größere Exemplare vierteln. Pilze mit Salz und Worcester-Sauce würzen. Die Eier in einen tiefen Teller aufschlagen und verquirlen. Mehl und Semmelbrösel auf je einen flachen Teller geben. Pilze zuerst in Mehl, dann in den Eiern und zum Schluss in den Bröseln wenden.

3 Das Öl in einer hohen Pfanne stark erhitzen. Wenn an einem ins Öl gehaltenen Holzkochlöffelstiel Bläschen aufsteigen, ist es heiß genug. Pilze darin in ca. 4 Min. knusprig frittieren, auf Küchenpapier entfetten. Kerbel waschen, trocken schütteln, grob zerzupfen. Die Pilze auf vier Teller verteilen, mit Meersalz bestreuen, mit Remoulade, Zitronenspalten und Kerbel anrichten.

RINDSSULZN

RINDFLEISCHSÜLZE

Für 4 Portionen
45 Min. Zubereitung
8 Std. Kühlen
Pro Portion: ca. 430 kcal

FÜR DIE SÜLZE
50 g Möhren
80 g Knollensellerie
500 ml Rinderbrühe
8 Blätter Gelatine
400 g gekochter Tafelspitz
1 EL Aceto balsamico
Salz, Pfeffer

FÜR DEN SALAT
200 g Feuerbohnen (aus der Dose)
2 Radieschen
1 rote Zwiebel
3 EL Aceto balsamico bianco
5 EL Sonnenblumenöl
3 EL Kürbiskernöl
Salz
1 TL Zucker
1 EL mittelscharfer Senf

AUSSERDEM
Terrinenform (1 l)
1 Bund Schnittlauch

1 Für die Sülze Möhren und Sellerie putzen, schälen und fein würfeln. Die Brühe in einem Topf zum Kochen bringen und die Gemüsewürfel darin offen bei mittlerer Hitze in ca. 9 Min. weich kochen. Gelatine nach Packungsanweisung in kaltem Wasser einweichen. Den Tafelspitz fein würfeln. Wenn das Gemüse weich ist, den Topf vom Herd nehmen und den Tafelspitz dazugeben. Gelatine ausdrücken und in die heiße Brühe einrühren. Diese mit Essig, Salz und Pfeffer würzen.

2 Die Terrinenform mit Frischhaltefolie auslegen und die Sülzenmischung einfüllen. Die Form mit Frischhaltefolie zudecken und die Sülze am besten über Nacht im Kühlschrank fest werden lassen.

3 Für den Salat die Bohnen in ein Sieb abgießen, kalt abspülen und abtropfen lassen. Radieschen waschen, putzen und in feine Scheiben schneiden. Die Zwiebel schälen und in feine Ringe schneiden. Essig, Öle, Salz, Zucker und Senf in eine Salatschüssel geben, verrühren und Bohnen, Radieschen und Zwiebel untermischen. Schnittlauch waschen, trocken schütteln und in feine Röllchen schneiden. Die Sülze aus der Form stürzen und die Folie abziehen. Sülze in 1 cm dicke Scheiben schneiden, mit dem Salat auf vier Tellern anrichten, mit Schnittlauch bestreuen und servieren.

ERDÄPFELSUPPN MIT SPECK

KARTOFFELSUPPE MIT SPECK

Für 4 Portionen
35 Min. Zubereitung
Pro Portion: ca. 330 kcal

600 g festkochende Kartoffeln
1 Möhre
1 gelbe Rübe
1 Zwiebel
100 g Champignons
2 Stängel Majoran
100 g Frühstücksspeck
2 EL Sonnenblumenöl
1 EL Mehl
1,2 l Rinderbrühe
100 g Sahne
Salz
weißer Pfeffer (frisch gemahlen)
frisch geriebene Muskatnuss

1 Kartoffeln, Möhre und gelbe Rübe waschen, putzen und schälen. Zwiebel schälen. Die Champignons trocken abreiben und von den Schnittstellen an den Stielen befreien. Alles würfeln. Majoran waschen, trocken schütteln, die Blättchen abzupfen und diese fein hacken. Den Speck in kleine Würfel schneiden.

2 Das Öl in einem Topf erhitzen und den Speck darin anbraten, Zwiebel, Möhre, gelbe Rübe und Champignons dazugeben und mitbraten, dann die Kartoffeln und das Mehl dazugeben.

3 Den Topfinhalt mit Brühe aufgießen, diese zum Kochen bringen und das Gemüse darin bei kleiner Hitze offen in ca. 20 Min. garen.

4 Inzwischen die Sahne leicht schlagen und zur Suppe geben, sobald das Gemüse weich ist.

5 Die Suppe nochmals aufkochen und mit Salz, Pfeffer, Muskatnuss und der Hälfte des Majorans abschmecken. Die Kartoffelsuppe auf vier vorgewärmte tiefe Teller verteilen, mit dem restlichen Majoran (½ EL) bestreuen und servieren.

Tipp: Kochen Sie die Rinderbrühe selbst, wenn Sie mehr Zeit haben.

KASPRESSKNÖDLSUPPN

SUPPE MIT KÄSE-SEMMELKNÖDELN

Für 4 Portionen
50 Min. Zubereitung
Pro Portion: ca. 560 kcal

250 g Knödelbrot
1 kleine Zwiebel
1 Knoblauchzehe
2 EL Butter
200 ml warme Milch
2 Stängel Petersilie
2 Stängel Majoran
110 g Bierkäse (ersatzweise Bergkäse)
2 Eier
Salz, Pfeffer
750 ml Rinderfond
frisch geriebene Muskatnuss
1 Bund Schnittlauch

AUSSERDEM
700 ml Öl zum Frittieren

1 Für die Knödel das Knödelbrot in eine große Schüssel geben. Zwiebel und Knoblauch schälen und fein würfeln. Die Butter in einem kleinen Topf schmelzen, Zwiebel und Knoblauch darin glasig dünsten, mit der Milch aufgießen und das Knödelbrot damit übergießen.

2 Petersilie und Majoran waschen, trocken schütteln, die Blättchen abzupfen, diese fein hacken und zum Knödelbrot in die Schüssel geben. Den Bierkäse fein reiben. Eier, Salz, Pfeffer und Bierkäse zum Knödelbrot geben und die Zutaten in der Schüssel mit einem Kochlöffel vermengen. Teig mit angefeuchteten Händen zu kleinen Knödeln formen und diese zum Schluss noch etwas flach drücken.

3 Das Öl zum Frittieren in einem weiten Topf stark erhitzen. Wenn an einem ins Öl gehaltenen Holzkochlöffelstiel Bläschen aufsteigen, ist es heiß genug. Die Knödel im heißen Öl portionsweise in ca. 5 Min. schwimmend beidseitig goldbraun ausbacken, mit einem Schaumlöffel aus dem Fett heben und auf Küchenpapier entfetten.

4 Rinderfond erhitzen und mit Salz und Muskatnuss abschmecken. Inzwischen den Schnittlauch waschen, trocken schütteln und in Röllchen schneiden. Den Rinderfond auf vier tiefe Teller verteilen, die Knödel hineinlegen, mit Schnittlauch bestreuen und servieren. Wer den Fond selbst kocht, gibt noch etwas Suppengemüse zu Knödeln und Brühe in die Teller.

20
18
16
14

BACKHENDL

PANIERTES HÄHNCHEN

Für 4 Portionen
45 Min. Zubereitung
30 Min. Garen
Pro Portion: ca. 775 kcal

1 kg festkochende Kartoffeln
Salz
1 rote Zwiebel
300 ml Rinderbrühe
60 ml Apfelessig
1 TL Estragonsenf
1 TL Zucker
60 ml Sonnenblumenöl
Pfeffer
400 g Hähnchenbrustfilets
100 g Mehl
150 g Semmelbrösel
2 Eier
80 g bunte Kirschtomaten
2 EL Kürbiskernöl

AUSSERDEM
500 ml Öl zum Frittieren
4 Zitronenscheiben

1 Für den Salat die Kartoffeln waschen, ungeschält in einen Topf geben, mit Wasser bedecken, zum Kochen bringen, salzen und zugedeckt in 20–30 Min. garen, abgießen und warm pellen. Die Zwiebel schälen und fein würfeln. Rinderbrühe erwärmen, in eine Salatschüssel geben und Essig, Senf, Zucker, Zwiebel und Salz unterrühren. Die Kartoffeln in ca. 5 mm dicke Scheiben schneiden, in die Marinade geben und vorsichtig untermischen. Das Öl unterheben, den Salat mit Salz und Pfeffer abschmecken und durchziehen lassen.

2 Für das Hähnchen die Brustfilets trocken tupfen, längs in ca. 2 cm breite Streifen schneiden und salzen. Mehl und Semmelbrösel auf je einem flachen Teller verteilen. Die Eier in einen tiefen Teller aufschlagen und verquirlen. Die Hähnchenstreifen zuerst im Mehl, dann in den verquirlten Eiern und zum Schluss in den Bröseln wenden. Die Panade etwas andrücken. Das Öl in einem Topf stark erhitzen. Wenn an einem ins Öl gehaltenen Holzkochlöffelstiel Bläschen aufsteigen, ist es heiß genug. Hähnchen portionsweise darin in 5–6 Min. schwimmend goldgelb ausbacken, mit einem Schaumlöffel herausheben und auf Küchenpapier entfetten. Tomaten waschen und halbieren. Hähnchen mit Zitronenscheiben, Kartoffelsalat und Kirschtomaten auf vier Tellern anrichten und mit Kürbiskernöl beträufeln.

EIERNOCKERL MIT VOGERLSALAT

EIERSPÄTZLE MIT FELDSALAT

Für 4 Portionen
45 Min. Zubereitung
Pro Portion: ca. 760 kcal

FÜR DEN SALAT
100 g Feldsalat
2 EL Olivenöl
1 EL Weißweinessig
Zucker
Salz

FÜR DIE SPÄTZLE
9 Eier
Salz
Pfeffer (frisch gemahlen)
200 ml Milch
500 g Mehl
2 EL Butterschmalz
1 Bund Schnittlauch

1 Für den Salat den Feldsalat verlesen, putzen, waschen, trocken schleudern, in einer Schüssel mit Öl und Essig mischen und mit Zucker und Salz abschmecken.

2 Für die Spätzle 5 Eier, 1 TL Salz, Pfeffer und die Milch in eine Rührschüssel geben und mit einem Kochlöffel verrühren, das Mehl dazugeben und die Zutaten in der Schüssel zu einem glatten Teig verschlagen.

3 In einem großen Topf reichlich Wasser zum Kochen bringen, salzen und ein Spätzlesieb darüberlegen. Den Teig in zwei Portionen mithilfe einer Teigkarte durch das Sieb ins kochende Wasser schaben. Das Spätzlewasser noch mal aufkochen lassen und die Spätzle in 3 Min. garen, bis sie an die Wasseroberfläche steigen. Die Spätzle mit einem Schaumlöffel aus dem Wasser heben, in ein Sieb geben und gut abtropfen lassen.

4 Das Butterschmalz in einer Pfanne erhitzen. Spätzle zugeben, in der Pfanne schwenken und salzen. Die restlichen 4 Eier in eine Schüssel aufschlagen, verquirlen, über die Spätzle gießen, untermischen und stocken sowie leicht bräunen lassen. Den Schnittlauch waschen, trocken schütteln und in feine Ringe schneiden. Eierspätzle mit Schnittlauch und Pfeffer bestreuen und zusammen mit dem Feldsalat servieren.

BRETTLJAUSN

BROTZEIT-BRETTCHEN

Für 4 Portionen
25 Min. Zubereitung
20 Min. Garen
Pro Portion: ca. 855 kcal

FÜR DEN KARTOFFEL-AUFSTRICH

400 g mehligkochende Kartoffeln
200 g saure Sahne
Meersalz
Pfeffer (frisch gemahlen)
1 Knoblauchzehe
1 rote Zwiebel
40 g weiche Butter
1 Bund Schnittlauch

FÜR DEN MÖHREN-APFEL-AUFSTRICH

300 g Möhren
1 säuerlicher Apfel
1 EL Honig
Meersalz
Pfeffer (frisch gemahlen)
100 g Joghurt (3,5 % Fett)

AUSSERDEM

1 Stück Blutwurst (ca. 250 g)
4 Brotzeitbrettchen aus Holz
1 Stück frischer Meerrettich (ca. 4 cm)
Estragonsenf (ersatzweise Dijonsenf)
400 g kalter Schweinebraten
200 g Schinkenspeck
4 Essiggurken
8 Scheiben Schwarzbrot

1 Für den Kartoffelaufstrich Kartoffeln waschen, in einen Topf geben, mit Wasser bedecken, dieses zum Kochen bringen und die Kartoffeln darin zugedeckt bei mittlerer Hitze in ca. 20 Min. garen. Die Kartoffeln abgießen, ausdampfen lassen, pellen und in eine Schüssel legen.

2 Die Kartoffeln grob mit einer Gabel zerdrücken, saure Sahne, Meersalz und Pfeffer darauf verteilen. Knoblauch und Zwiebel schälen, fein schneiden und zusammen mit der Butter zu den Kartoffeln geben. Die Zutaten in der Schüssel miteinander vermischen. Schnittlauch waschen, trocken schütteln, in feine Röllchen schneiden und den Kartoffelaufstrich damit bestreuen.

3 Für den Möhren-Apfel-Aufstrich die Möhren putzen und schälen. Den Apfel schälen, vierteln und vom Kerngehäuse befreien. Beides grob reiben und mit den restlichen Aufstrichzutaten in einer Schüssel mischen.

4 Die Blutwurst von der Haut befreien, in feine Scheiben schneiden und auf den Holzbrettchen verteilen. Meerrettich schälen und fein reiben. Meerrettich auf den Blutwurstscheiben verteilen. Den Estragonsenf als Klecks daneben auf die Brettchen setzen.

5 Den Schweinebraten und den Schinkenspeck in feine Scheiben schneiden. Aufstriche jeweils auf vier Schälchen verteilen, zusammen mit Schweinebraten, Speck, Essiggurken und Brot neben der Blutwurst auf den Brettchen anrichten und servieren.

EIN TOPF VOLL GUTES

Suppen schmecken am besten mit einer selbst gemachten Brühe aus frischem Suppengemüse und/oder Fleisch sowie Gewürzen, die lange gekocht werden.

Bereits im 16. Jahrhundert war die Suppe fester Bestandteil der täglichen Mahlzeiten. In ländlichen Gegenden wurden Suppen als Hauptspeise gegessen: meistens dick eingemacht mit Mehl und Milch, aber auch mit Brot, damit sie gut sättigten.

Viele Köchinnen stammten während der Monarchie aus Böhmen, wo die Kultur der Knödel sehr hochgehalten wurde und so zur Verbreitung der Suppeneinlage auch in Österreich führte. Speck- oder Kaspressknödel haben als Grundlage einen Semmelknödelteig, der wahlweise mit Speckwürfelchen oder Käse angereichert wird. Kaspressknödel heißen übrigens so, weil sie nicht kugelrund geformt, sondern zum Schluss flach gepresst werden. Mindestens genauso beliebt im österreichischen Suppenteller sind Leberknödel, Grießnockerl oder Frittaten – also in feine Streifen geschnittene, salzig abgeschmeckte Pfannkuchen, die klassischerweise in einer klaren Fleisch- oder Gemüsebrühe schwimmen.

Durch die große Ausdehnung der K.-u.-k.-Monarchie sind klare Brühen mit diversen Einlagen bis heute ein fester Bestandteil der österreichischen Küche und im ganzen Land beliebt. Genauso gern mögen wir aber auch cremige Suppen. Zu einer deftigen Kartoffelsuppe kann kaum ein Österreicher Nein sagen.

LEBERKNÖDLSUPPN

LEBERKNÖDELSUPPE

In Österreich dreht sich wegen der böhmischen Einflüsse auf die Küche ganz viel um den Knödel. Für seine Liebhaber gehört der Leberknödel mit Sicherheit zu den Top-Suppeneinlagen.

Für 4 Portionen
45 Min. Zubereitung
3 Std. 20 Min. Garen
15 Min. Ruhen
Pro Portion: ca. 395 kcal

FÜR DIE RINDERBRÜHE

1 große Zwiebel
250 g Suppengrün
1 kg Rindfleisch (z. B. Beinfleisch oder Tafelspitz)
2 Wacholderbeeren
1 Lorbeerblatt
5 schwarze Pfefferkörner
frisch geriebene Muskatnuss
Salz

FÜR DIE LEBERKNÖDEL

5 Brötchen vom Vortag
½ TL getrockneter Majoran
½ TL getrocknetes Basilikum
frisch geriebene Muskatnuss
Pfeffer (frisch gemahlen)
Salz
1 Zwiebel
1 Knoblauchzehe
250 ml Milch
250 g Rinderleber
2 Eier

AUSSERDEM

½ Bund Schnittlauch

1 Für die Brühe die Zwiebel halbieren. Eine Pfanne mit Alufolie auslegen, die Zwiebelhälften mit der Schnittfläche nach unten in der heißen Pfanne fast schwarz rösten. Suppengrün waschen, putzen und grob schneiden. In einem großen Topf Wasser aufkochen, Fleisch einlegen – es muss während der gesamten Garzeit mit Wasser bedeckt sein – und offen bei großer Hitze kochen lassen. Zwischendurch ab und zu den Schaum, der sich bildet, mit einem Schaumlöffel abschöpfen. Nach 1 Std. Garzeit Suppengrün, Zwiebel, Wacholderbeeren, Lorbeerblatt, Pfeffer und Muskat zugeben und das Fleisch in weiteren 2 Std. weich köcheln. Eventuell etwas Wasser zugeben.

2 Für die Knödel die Brötchen fein würfeln und in einer Schüssel mit Majoran, Basilikum, Muskat, Pfeffer und Salz mischen. Zwiebel und Knoblauch schälen und fein würfeln. Die Milch aufkochen. Die Leber durch den Fleischwolf drehen oder sehr fein hacken, mit Zwiebel und Knoblauch in einer Schüssel mischen und mit der heißen Milch übergießen. Das Gemisch abkühlen lassen und zur Semmelmasse geben. Die Eier dazugeben und die Knödelzutaten locker miteinander vermengen, nicht kneten. Die Masse mit der flachen Hand in die Schüssel drücken und zugedeckt 15 Min. ziehen lassen.

3 Mit nassen Händen einen Probeknödel formen, in reichlich kochendes Salzwasser geben und dann bei mittlerer Hitze zugedeckt in ca. 10 Min. gar sieden lassen. Eventuell restliche Masse nachwürzen, ebenfalls zu Knödeln formen und genauso wie den Probeknödel garen. Den Schnittlauch waschen, trocken schütteln und in feine Röllchen schneiden. Rinderbrühe durch ein Sieb gießen, auffangen, mit Salz und Muskatnuss abschmecken und auf vier vorgewärmte tiefe Teller verteilen. Knödel hineinlegen und mit Schnittlauch bestreuen.

GRÖSTETE REHERL

GEBRATENE PFIFFERLINGE

Für 4 Portionen
45 Min. Zubereitung
10 Min. Garen
Pro Portion: ca. 400 kcal

FÜR DIE GREMOLATA
1 Bund Petersilie
½ Bund Minze
1 Bio-Zitrone
1 Knoblauchzehe
Salz, Pfeffer

FÜR DIE PILZE
400 g Pfifferlinge
1 Zwiebel
2 Knoblauchzehen
2 EL Olivenöl
Salz, Pfeffer

AUSSERDEM
4 EL Olivenöl
8 Scheiben Krustenbrot

1 Für die Gremolata Kräuter waschen, trocken schütteln, die Blättchen abzupfen und diese sehr fein hacken. Die Zitrone heiß waschen, abtrocknen, dann 1 TL Schale abreiben und 1 TL Saft auspressen. Den Knoblauch schälen und fein hacken. Petersilie, Minze, Knoblauch, Zitronensaft und -schale, Salz und Pfeffer in eine kleine Schüssel geben und gut miteinander mischen.

2 Für die Pilze die Pfifferlinge putzen, große Pilze teilen, bei starker Verschmutzung ganz kurz kalt waschen und mit Küchenpapier trocken tupfen. Zwiebel und Knoblauch schälen und fein schneiden.

3 Das Olivenöl in einer Pfanne erhitzen und Zwiebel und Knoblauch darin glasig dünsten, Pfifferlinge zugeben und anbraten, bis sie leicht gebräunt sind. Die angebratenen Pilze mit Salz und Pfeffer würzen.

4 Während die Pilze braten, 2 EL Olivenöl in einer Pfanne erhitzen, die Brotscheiben darin beidseitig goldbraun rösten, aus der Pfanne nehmen und warm halten.

5 Die Brote auf vier Teller verteilen, mit den Pfifferlingen belegen, die Gremolata darüberstreuen und die Brote mit dem restlichen Olivenöl (2 EL) beträufeln.

EIERSPEIS

RÜHREI

Für 4 Portionen
25 Min. Zubereitung
Pro Portion: ca. 440 kcal

4 Scheiben Schwarzbrot
2 EL + 50 g Butter
8 Eier
Salz
Pfeffer (frisch gemahlen)
1 Bund Schnittlauch
2 EL Kürbiskernöl

1 Das Brot in feine Würfel schneiden, 2 EL Butter in einer Pfanne erhitzen und die Brotstücke darin bei kleiner Hitze rundum leicht anbraten, dann warm stellen.

2 Die Eier in eine Schüssel aufschlagen, salzen, pfeffern und mit einer Gabel sehr kurz verquirlen, dabei sollten sich Eigelbe und Eiweiße nur ganz leicht vermischen.

3 In einer Pfanne die restliche Butter (50 g) erhitzen, die verquirlten Eier zugeben und mit einem Teigschaber locker verrühren, bis die Eier gestockt sind.

4 Schnittlauch waschen, trocken schütteln und in feine Ringe schneiden. Das Rührei auf vier Teller verteilen, mit Brotwürfeln und Schnittlauch bestreuen, mit Pfeffer grob übermahlen und mit dem Kürbiskernöl beträufeln.

GRIESSNOCKERLSUPPN

GRIESSKNÖDELSUPPE

Für 4 Portionen
25 Min. Zubereitung
15 Min. Ruhen
20 Min. Garen
Pro Portion: ca. 170 kcal

35 g weiche Butter
1 zimmerwarmes Ei
80 g Nockerlgrieß (ersatzweise Weichweizengrieß)
Salz
Pfeffer
750 ml Rinderfond
frisch geriebene Muskatnuss
½ Bund Schnittlauch

1 Für die Grießknödel die Butter und das Ei in eine Schüssel geben, verrühren, Grieß unterrühren, die Masse mit Salz und Pfeffer würzen und ca. 15 Min. ruhen lassen. Anschließend mit zwei nassen Löffeln kleine Portionen abstechen und daraus Nocken formen.

2 In einem Topf reichlich Wasser zum Kochen bringen und salzen. Die Knödel ins kochende Salzwasser gleiten lassen und bei kleiner bis mittlerer Hitze darin ca. 10 Min. sieden lassen. Den Topf vom Herd nehmen und die Knödel zugedeckt 10 Min. zugedeckt ziehen lassen.

3 Inzwischen den Rinderfond erhitzen und mit Salz und Muskatnuss würzen.

4 Den Schnittlauch waschen, trocken schütteln und in Röllchen schneiden. Die Suppe auf vier tiefe Teller verteilen, Grießknödel hineinlegen, mit Schnittlauch bestreuen und servieren.

KRÄUTERFRITTATNSUPPN

KRÄUTERPFANNKUCHENSUPPE

Für 4 Portionen
45 Min. Zubereitung
Pro Portion: ca. 220 kcal

2 Stängel Petersilie
2 Eier
120 g Mehl
120 ml Milch
Salz
2 EL Sonnenblumenöl
750 ml Rinderfond
frisch geriebene Muskatnuss
½ Bund Schnittlauch

1 Die Petersilie waschen, trocken schütteln, die Blättchen abzupfen und diese fein hacken. Eier, Petersilie, Mehl, Milch und ½ TL Salz in eine Schüssel geben und mit einem Schneebesen zu einem dünnflüssigen Teig verrühren.

2 In einer beschichteten Pfanne etwas Sonnenblumenöl erhitzen, etwas Teig in die Pfanne gießen, diesen gleichmäßig dünn am Pfannenboden verteilen und so lange backen, bis die Oberfläche gestockt und die Unterseite goldgelb ist. Den Pfannkuchen wenden, auf der anderen Seite ebenfalls goldgelb backen, aus der Pfanne heben und abkühlen lassen. Aus dem restlichen Teig auf die gleiche Art und Weise weitere Pfannkuchen backen.

3 Jeden Pfannkuchen eng einrollen und quer in feine Streifen schneiden. Rinderfond in einem Topf erhitzen und mit Salz und Muskatnuss abschmecken. Den Schnittlauch waschen, trocken schütteln und in feine Röllchen schneiden. Den Rinderfond auf vier vorgewärmte tiefe Teller verteilen, die Pfannkuchenstreifen hineingeben, mit Schnittlauch bestreuen und servieren.

HAUPTGERICHTE MIT FLEISCH UND FISCH

Fleischgerichte waren beim Großteil der österreichischen Bevölkerung sehr lange Zeit etwas ganz Besonderes und dem Sonntag vorbehalten. Die Bauern des von der Landwirtschaft geprägten Alpenstaates arbeiteten hart und brauchten energiereiche Nahrung aus den Produkten, die ihr Land hergab. Deshalb wird es nun deftig.

FASCHIERTE LAIBCHEN MIT ERDÄPFELPÜREE

FRIKADELLEN MIT KARTOFFELPÜREE

Für 4 Portionen
45 Min. Zubereitung
30 Min. Garen
Pro Portion: ca. 845 kcal

FÜR DAS PÜREE

800 g mehligkochende Kartoffeln
Salz
ca. 200 ml Milch
70 g Butter
frisch geriebene Muskatnuss

FÜR DIE FRIKADELLEN

2 Brötchen
2 kleine Zwiebeln
2 Knoblauchzehen
1 Bund Petersilie
3 EL Sonnenblumenöl
500 g gemischtes Hackfleisch
2 Eier
Salz
Pfeffer (frisch gemahlen)
1 TL getrockneter Majoran
30 g Semmelbrösel

FÜR DEN BRATENSAFT

1 EL Mehl
250 ml Rinderbrühe
Salz, Pfeffer

AUSSERDEM

4 Stängel Majoran

....

Tipp: Wer mag, serviert die Laibchen noch zusätzlich mit Röstzwiebeln garniert.

1 Für das Püree Kartoffeln waschen, ungeschält in einen großen Topf geben, mit Wasser bedecken, dieses zum Kochen bringen, salzen und die Kartoffeln dann darin bei mittlerer Hitze zugedeckt in 20 Min. garen.

2 Inzwischen den Backofen auf 180° vorheizen. Für die Frikadellen die Brötchen in eine Schüssel geben, mit lauwarmem Wasser bedecken und 10 Min. einweichen. Dann die Flüssigkeit gut durch ein Sieb ausdrücken und die Brötchen sehr fein hacken. Zwiebeln und Knoblauch schälen und fein würfeln. Petersilie waschen, trocken schütteln, die Blättchen abzupfen und diese fein hacken.

3 1 EL Öl in einer Pfanne erhitzen und Zwiebeln und den Knoblauch darin glasig dünsten. Hackfleisch in eine Schüssel geben, Zwiebelmischung, Brötchen, Eier, Salz, Pfeffer, getrockneten Majoran und Semmelbrösel zugeben und alles zu einer glatten Masse verrühren. Die Hackfleischmasse mit nassen Händen zu Frikadellen formen. Restliches Öl (2 EL) in einer großen Pfanne erhitzen, die Frikadellen darin beidseitig in ca. 2 Min. braun braten, dann auf ein Backblech legen und im heißen Ofen (Mitte) in ca. 10 Min. fertig garen.

4 Inzwischen für den Bratensaft in die Pfanne, in der die Frikadellen gebraten wurden, das Mehl geben und mit dem Bratfett verrühren. Mehlschwitze mit Rinderbrühe aufgießen und kurz aufkochen lassen. Sauce durch ein Sieb gießen, auffangen und mit Salz und Pfeffer abschmecken. Majoran waschen, trocken schütteln, die Blättchen abzupfen und diese fein hacken.

5 Kartoffeln abgießen, kurz ausdampfen lassen, pellen und durch eine Kartoffelpresse in eine große Schüssel drücken. Milch, Butter, Salz und etwas Muskatnuss in einem kleinen Topf aufkochen, die Mischung nach und nach zu den Kartoffeln gießen und unterheben, bis ein cremiges Püree entstanden ist. Frikadellen mit Püree und Sauce auf vier Tellern anrichten und mit Majoran bestreuen.

WIENER SCHNITZL MIT PETERSILERDÄPFELN

WIENER SCHNITZEL MIT PETERSILIENKARTOFFELN

Für 4 Portionen
45 Min. Zubereitung
30 Min. Garen
Pro Portion: ca. 960 kcal

FÜR DEN SALAT

150 g gemischter Blattsalat
(z. B. Kopfsalat, Eisbergsalat, Eichblattsalat)
40 ml Weißweinessig
Salz, Pfeffer
70 ml Sonnenblumenöl

FÜR DIE KARTOFFELN

500 g festkochende Kartoffeln
(z. B. Erika, Ditta)
Salz
2 Stängel Petersilie
1 EL Butter

FÜR DIE SCHNITZEL

150 g Weizenmehl (Type 550)
300 g Semmelbrösel
2 Eier
4 dünne Kalbsschnitzel
(je ca. 160 g; ersatzweise Schweineschnitzel)
Salz

AUSSERDEM

500 ml Öl zum Frittieren
1 Bio-Zitrone
80 g Preiselbeeren
(aus dem Glas)

1 Für den Salat den Blattsalat putzen, waschen, trocken schleudern und in mundgerechte Stücke zupfen. Essig zusammen mit Salz und Pfeffer in eine Salatschüssel geben und das Öl mit einem Schneebesen unterschlagen.

2 Für die Petersilienkartoffeln die Kartoffeln waschen, ungeschält in einen Topf geben, mit Wasser bedecken, dieses zum Kochen bringen, salzen und die Kartoffeln darin zugedeckt bei mittlerer Hitze in 20–30 Min. bissfest kochen. Die Petersilie waschen, trocken schütteln, die Blättchen abzupfen und fein hacken.

3 Für die Wiener Schnitzel Mehl und Semmelbrösel jeweils auf einem flachen Teller verteilen, Eier in einen tiefen Teller aufschlagen und verquirlen. Die Kalbsschnitzel kalt abspülen, trocken tupfen und zwischen zwei Lagen Frischhaltefolie behutsam klopfen. Schnitzel salzen, zuerst in Mehl, dann in den verquirlten Eiern und zuletzt in den Semmelbröseln wenden und die Panade andrücken.

4 Das Frittieröl in einer Pfanne stark erhitzen. Wenn an einem ins Öl gehaltenen Holzkochlöffelstiel Bläschen aufsteigen, ist es heiß genug. Die Schnitzel darin beidseitig in ca. 2 Min. goldgelb ausbacken. Die Pfanne immer ein wenig rütteln, damit Fett und Schnitzel in Bewegung bleiben. Die Schnitzel aus dem Fett heben, auf mehreren Lagen Küchenpapier entfetten und warm halten.

5 Die Kartoffeln abgießen, ausdampfen lassen und pellen. Die Butter in einem mittelgroßen Topf schmelzen, bis sie aufschäumt. Kartoffeln und Petersilie zugeben, dann vorsichtig unter die Butter mischen und salzen.

6 Den Blattsalat in der Salatschüssel mit der Marinade vermischen. Die Zitrone in Spalten schneiden. Die Wiener Schnitzel auf vier Tellern anrichten, mit Zitronenspalten garnieren und zusammen mit Petersilienkartoffeln und Preiselbeeren servieren. Den Blattsalat dazu reichen.

PAPRIKAHENDL MIT NOCKERL

PAPRIKAHUHN MIT SPÄTZLE

Für 4 Portionen
45 Min. Zubereitung
Pro Portion: ca. 665 kcal

FÜR DAS HUHN
4 Hähnchenkeulen
Salz
2 EL Öl
1 Zwiebel
2 Knoblauchzehen
je 1 rote, grüne und gelbe Paprika
1 EL Tomatenmark
2 EL edelsüßes Paprikapulver
400 ml Hühnerbrühe
200 g saure Sahne
2 EL Mehl
Pfeffer

AUSSERDEM
4 Stängel Petersilie
200 g Spätzle (aus dem Kühlregal)
2 EL Butter

1 Für das Huhn die Hähnchenkeulen kalt abbrausen, dann trocken tupfen und salzen. Öl in einem großen Topf erhitzen und die Keulen darin scharf anbraten, aus dem Topf nehmen und beiseitestellen. Zwiebel und Knoblauch schälen und fein würfeln. Paprika waschen, halbieren, von den Kernen und weißen Trennwänden befreien und in kleine Würfel schneiden.

2 Im Bratensatz der Hähnchenkeulen die Paprikawürfel anbraten, aus dem Topf nehmen und beiseitestellen. Zwiebel und Knoblauch im Topf andünsten, Tomatenmark und Paprikapulver einrühren, die Brühe angießen und aufkochen. Die Keulen in die Sauce legen und zugedeckt bei großer Hitze ca. 20 Min. garen. Keulen aus dem Topf heben und die Sauce fein pürieren.

3 Petersilie waschen, trocken schütteln, die Blättchen abzupfen und diese fein hacken. Spätzle nach Packungsanweisung zubereiten. In einer Pfanne die Butter aufschäumen, die Spätzle darin schwenken. Saure Sahne und Mehl in eine Schale geben, glatt verrühren, dann in die Sauce geben, diese einmal aufkochen lassen und mit Salz und Pfeffer würzen. Hähnchenkeulen in die Sauce legen. Paprikahuhn mit den Spätzle auf vier Tellern anrichten, mit Paprikawürfeln sowie Petersilie bestreuen und sofort servieren.

ERDÄPFELGULASCH

KARTOFFELGULASCH

Für 4 Portionen
50 Min. Zubereitung
Pro Portion: ca. 325 kcal

FÜR DAS GEWÜRZ
2 Knoblauchzehen
1 TL Kümmelkörner
1 TL getrockneter Majoran
1 Bio-Zitrone
2 EL edelsüßes Paprikapulver

FÜR DAS GULASCH
500 g festkochende Kartoffeln
1 Zwiebel
1 rote Paprika
1 gelbe Paprika
2 EL Sonnenblumenöl
1 EL Tomatenmark
800 ml Gemüsebrühe
300 g Dürre Wurst (z. B. Jagdwurst, Braunschweiger)
1 Bund Petersilie
Salz
Pfeffer (frisch gemahlen)

1 Für das Gewürz Knoblauch schälen und zusammen mit Kümmel und Majoran hacken. Zitrone heiß waschen, abtrocknen und die Schale fein abreiben. Alle vorbereiteten Gewürzzutaten zusammen mit Paprikapulver in eine Schüssel geben und vermengen.

2 Für das Gulasch die Kartoffeln waschen, schälen und in 2 cm große Würfel schneiden. Die Zwiebel schälen und in Streifen schneiden. Paprika waschen, halbieren, von Kernen und weißen Trennwänden befreien und in ca. 1 cm große Würfel schneiden.

3 Das Öl in einem großen Topf erhitzen und Zwiebel und Paprika darin andünsten. Tomatenmark unterrühren und kurz anbraten. Die Brühe und die Kartoffelwürfel zugeben und das Gulasch bei mittlerer Hitze zugedeckt ca. 20 Min. eher ziehen als köcheln lassen.

4 Inzwischen Dürre Wurst häuten, dann längs halbieren und in Halbmonde schneiden. Die Petersilie waschen, trocken schütteln, die Blättchen abzupfen und diese fein hacken. Kartoffelgulasch mit Salz, Pfeffer und dem Gulaschgewürz würzen. Die Dürre Wurst zum Gulasch geben, dieses noch ca. 10 Min. köcheln lassen und dann die Petersilie hinzufügen. Kartoffelgulasch auf vier tiefe Teller verteilen. Dazu passt Schwarzbrot.

SCHINKENFLECKERL-AUFLAUF

SCHINKENNUDEL-AUFLAUF

Fleckerl sind eine österreichische Eiernudelspezialität, für die der Pastateig dünn ausgerollt und in kleine Quadrate oder Rechtecke geschnitten wird. Wer sie nicht bekommt und sie auch nicht selbst machen will, der greift zu anderen kurzen Nudeln.

Für 4 Portionen
45 Min. Zubereitung
35 Min. Backen
Pro Portion: ca. 1155 kcal

350 g Fleckerl (ersatzweise Fusilli oder Penne)
Salz
150 g Hartkäse (z. B. Emmentaler)
1 Bund Petersilie
60 g Semmelbrösel
1 Zwiebel
400 g gekochter Schinken
3 EL Butter
7 Eier
500 g saure Sahne
1 TL Pfeffer (frisch gemahlen)
¼ TL frisch geriebene Muskatnuss

AUSSERDEM
Auflaufform (30 × 20 × 6 cm)
weiche Butter und Semmelbrösel für die Form

1 Backofen auf 200° vorheizen. Fleckerl nach Packungsanweisung in reichlich kochendem Salzwasser bissfest kochen. Inzwischen die Auflaufform mit etwas weicher Butter einfetten und mit Semmelbröseln ausstreuen.

2 Den Käse reiben. Petersilie waschen, trocken schütteln, die Blättchen abzupfen und diese fein hacken, davon 2 EL zum Garnieren beiseitestellen.

3 30 g Semmelbrösel zusammen mit dem geriebenen Hartkäse in eine Schüssel geben und vermengen. Die Zwiebel schälen und fein würfeln. Schinken in 1 cm große Stücke schneiden. 1 EL Butter in einer Pfanne schmelzen und die Zwiebel darin andünsten, Schinken dazugeben, kurz mitbraten und die Mischung auskühlen lassen.

4 In einer Edelstahlschüssel Eier, saure Sahne, restliche Semmelbrösel (30 g), Salz, Pfeffer und Muskatnuss vermischen. Fleckerl in ein Sieb abgießen, kalt abschrecken, abtropfen lassen und in den Topf zurückgeben. Fleckerl mit 1 EL Butter vermischen und zur Seite stellen.

5 Eiermischung zusammen mit der Petersilie und der Schinken-Zwiebel-Mischung zu den Fleckerln in den Topf geben und mit einem Teigschaber vermischen.

6 Die Schinkenfleckerl-Mischung in die vorbereitete Auflaufform füllen, mit der Käse-Brösel-Mischung dicht bestreuen, restliche Butter (1 EL) in kleinen Flöckchen auf den Schinkenfleckerln verteilen und diese im heißen Ofen (Mitte) ca. 35 Min. backen. Den Nudelauflauf vor dem Servieren kurz ruhen lassen, dann auf vier Tellern anrichten und mit der restlichen Petersilie bestreuen.

GSCHMORTE KEIBLBACKERL MIT POLENTA UND PLUTZER

GESCHMORTE KALBSBÄCKCHEN MIT POLENTA UND KÜRBIS

Für 4 Portionen
50 Min. Zubereitung
1 Std. 30 Min. Schmoren
Pro Portion: ca. 820 kcal

FÜR DIE KALBSBÄCKCHEN

800 g Kalbsbäckchen
Salz, Pfeffer
2 Zwiebeln
2 Knoblauchzehen
300 g Wurzelgemüse (z. B. Möhren, Knollensellerie)
100 g Bauchspeck
60 ml Olivenöl
30 g Butter
250 ml Rotwein
1 l Rinderbrühe
2 Stängel Petersilie

FÜR DEN KÜRBIS

2 Zweige Rosmarin
500 g Hokkaido-Kürbis
1 EL Olivenöl
Salz, Pfeffer
3 EL Kürbiskernöl

FÜR DIE POLENTA

250 ml Milch
30 g Butter
Salz, Pfeffer
20 g Polenta (Maisgrieß)
20 g Parmesan

1 Für die Kalbsbäckchen das Fleisch kalt abspülen, trocken tupfen, salzen und pfeffern. Zwiebeln und Knoblauch schälen und fein würfeln. Das Wurzelgemüse putzen, schälen und in ca. 1 cm große Würfel schneiden. Speck fein würfeln. In einem großen Topf das Olivenöl erhitzen und die Kalbsbäckchen darin ca. 3 Min. anbraten, aus dem Topf nehmen und zur Seite stellen.

2 Die Butter in den Topf geben, Speckwürfel, Zwiebeln, Knoblauch und Wurzelgemüse darin anbraten, Rotwein angießen und 2 Min. reduzieren. Rinderbrühe angießen und diese zum Kochen bringen. Die Kalbsbäckchen wieder dazugeben und zugedeckt bei kleiner bis mittlerer Hitze ca. 1 Std. 30 Min. schmoren. Die Bäckchen sollen immer mit Flüssigkeit bedeckt sein, also bei Bedarf noch etwas Rinderbrühe zugeben. Petersilie waschen, trocken schütteln, die Blättchen abzupfen und hacken.

3 Etwa 30 Min. vor Ende der Schmorzeit für den Kürbis den Rosmarin waschen, trocken schütteln, die Nadeln abzupfen und diese fein hacken. Kürbis waschen, von den Kernen befreien und in Spalten schneiden. In einer Pfanne das Olivenöl erhitzen und die Kürbisspalten darin bei mittlerer Hitze ganz langsam anbraten, bis sie weich sind. Die Kürbisspalten salzen, pfeffern, mit Kürbiskernöl beträufeln und mit Rosmarin bestreuen.

4 Für die Polenta Milch, Butter, 1 Prise Salz und Pfeffer aufkochen, Polenta zugeben und bei kleiner Hitze garen, bis sie weich ist, dabei immer wieder umrühren. Dann den Parmesan fein reiben, zur Polenta geben und diese nochmals mit Salz und Pfeffer abschmecken. Sollte die Polenta zu dick sein, noch etwas Milch zugeben.

5 Fleisch aus dem Topf nehmen und die Sauce pürieren. Bäckchen mit Sauce, Polenta und Kürbisspalten auf vier Tellern anrichten und mit Petersilie bestreuen.

RINDSGULASCH MIT GURKERL UND FRANKFURTER

RINDERGULASCH MIT ESSIGGURKE UND FRANKFURTER WÜRSTCHEN

Für 4 Portionen
45 Min. Zubereitung
2 Std. Schmoren
Pro Portion: ca. 615 kcal

1 kg Rinderwadschinken
1 kg Zwiebeln
3 Knoblauchzehen
2 EL Sonnenblumenöl
1 EL Tomatenmark
2 EL edelsüßes Paprikapulver
1 TL gemahlener Kümmel
1 TL getrockneter Majoran
½ Bio-Zitrone
Salz
2 EL Mehl
Pfeffer (frisch gemahlen)
4 Essiggurken
2 Frankfurter Würstchen

1 Das Rindfleisch kalt abspülen, trocken tupfen und in ca. 3 cm große Stücke schneiden. Zwiebeln und Knoblauch schälen und in feine Streifen schneiden.

2 Sonnenblumenöl in einem großen Schmortopf erhitzen und die Zwiebeln darin bei kleiner Hitze glasig dünsten. Dann den Knoblauch zugeben und kurz mitbraten. Das Tomatenmark unterrühren und mitdünsten. Das Paprikapulver zugeben, den Topfinhalt mit 2 l Wasser aufgießen und dieses aufkochen lassen.

3 Die Rindfleischstücke in den Schmortopf geben, das Fleisch sollte gerade bedeckt sein. Den Deckel so auf den Schmortopf auflegen, dass ein Spalt offen bleibt. Das Gulasch bei kleiner Hitze ca. 2 Std. schmoren lassen. Das Fleisch sollte immer mit Flüssigkeit bedeckt sein, bei Bedarf etwas Wasser zugeben.

4 Die Zitrone heiß waschen, abtrocknen und die Schale abreiben. Nach der Schmorzeit Kümmel, Majoran, Salz und 1 TL Zitronenschale zugeben. Mehl und 4 EL Wasser in eine Tasse geben und glatt verrühren. Dann die Mehlmischung nach und nach in die kochende Flüssigkeit einrühren, bis das Gulasch die richtige Konsistenz erreicht hat. Gulasch nochmals aufkochen und mit Salz, Pfeffer, Paprikapulver und Zitronenschale abschmecken.

5 Essiggurken längs halbieren und in Fächer schneiden. Frankfurter 3 Min. in einem Topf mit siedendem Wasser erhitzen, die Würstchen quer halbieren und die runden Enden kreuzweise einschneiden. Das Gulasch auf vier tiefe Teller verteilen, mit Essiggurkenfächer und Frankfurter Würstchen anrichten und nach Belieben Brötchen oder Salzstangen dazu servieren.

ZWIEBLROSTBRATN MIT RÖSTERDÄPFELN

ZWIEBELROSTBRATEN MIT BRATKARTOFFELN

Für 4 Portionen
45 Min. Zubereitung
25 Min. Garen
Pro Portion: ca. 730 kcal

FÜR DEN ROSTBRATEN
2 große Zwiebeln
9 EL Mehl
1 TL edelsüßes Paprikapulver
250 ml + 2 EL Sonnenblumenöl
4 Scheiben Rostbraten (je ca. 200 g)
Salz
Pfeffer (frisch gemahlen)
300 ml Rinderbrühe (ersatzweise Bratenfond)
2 EL kalte Butter

FÜR DIE BRATKARTOFFELN
600 g festkochende Kartoffeln
Salz
1 Zweig Rosmarin
500 ml Sonnenblumenöl
1 EL Butter

....

Tipp: Für einen Vanillerostbraten das Fleisch genauso zubereiten, aber die Röstzwiebeln weglassen. Dafür im Bratensatz 4 fein gehackte Knoblauchzehen anschwitzen, mit Rinderbrühe ablöschen und kurz einkochen lassen. Mit einem Schneebesen die Butter zugeben und die Sauce glatt rühren. Früher, als Vanille noch extrem teuer und nur den reichen Herrschaften vorbehalten war, galt Knoblauch als Vanille des kleinen Mannes.

1 Für den Rostbraten Zwiebeln schälen, in feine Ringe schneiden, in 4 EL Mehl und im Paprikapulver wälzen und überschüssiges Mehl gut abschütteln. 250 ml Öl in einer Pfanne stark erhitzen und die Zwiebelringe darin portionsweise goldgelb braten, herausnehmen und auf Küchenpapier entfetten.

2 Für die Bratkartoffeln Kartoffeln waschen, ungeschält in einen großen Topf geben, mit Wasser bedecken, zum Kochen bringen und salzen. Die Kartoffeln darin zugedeckt bei mittlerer Hitze in 15–25 Min. garen, abgießen, kurz ausdampfen lassen, pellen, je nach Größe halbieren oder vierteln. Rosmarin waschen, abtrocknen und die Nadeln von den Zweigen streifen.

3 Das Öl in einem Topf stark erhitzen. Wenn an einem ins Öl gehaltenen Holzkochlöffelstiel Bläschen aufsteigen, ist es heiß genug. Kartoffeln im heißen Öl in 3–5 Min. goldgelb backen, mit einem Schaumlöffel herausheben und auf Küchenpapier entfetten, warm halten.

4 Rostbratenscheiben am Rand entlang rundum alle 3 cm mit einem scharfen Messer leicht einschneiden, salzen und pfeffern. Die Rostbraten mit einer Schnittfläche in das restliche Mehl (5 EL) drücken und anschließend das überschüssige Mehl abschütteln.

5 In einer Pfanne 2 EL Sonnenblumenöl erhitzen und den Rostbraten darin beidseitig scharf anbraten, aus der Pfanne nehmen, den Bratensatz mit der Rinderbrühe ablöschen und kurz einkochen lassen. Parallel dazu in einer Pfanne die Butter zusammen mit dem Rosmarin erhitzen, die Kartoffeln dazugeben und darin schwenken.

6 Mit einem Schneebesen die kalte Butter in Stückchen in die Sauce geben und glatt rühren, dabei darf die Sauce nicht mehr kochen, sonst verliert sie die Bindung. Die Rostbraten mit den Bratkartoffeln und der Sauce auf vier Tellern anrichten und mit den Röstzwiebeln garnieren.

GRENADIERMARSCH

KARTOFFELPFANNE MIT NUDELN UND WURST

Für 4 Portionen
45 Min. Zubereitung
Pro Portion: ca. 510 kcal

400 g festkochende Kartoffeln
Salz
1 Bund Petersilie
200 g Nudeln (z. B. Fleckerl, Hörnchen, Fusilli)
200 g Wurstreste (Dürre oder andere Dauerwurst; ersatzweise Fleischreste, z. B. Schweinebraten)
1 große Zwiebel
2 kleine Knoblauchzehen
2 EL Schmalz
Pfeffer (frisch gemahlen)

1 Die Kartoffeln waschen, ungeschält in einen großen Topf geben, mit Wasser bedecken, dieses zum Kochen bringen, salzen und die Kartoffeln darin bei mittlerer Hitze zugedeckt in 20 Min. bissfest kochen, dann abgießen, kurz ausdampfen lassen, pellen und in mundgerechte Stücke schneiden.

2 Während die Kartoffeln garen, die Petersilie waschen, trocken schütteln, die Blättchen abzupfen und diese grob hacken. Die Nudeln nach Packungsanweisung in reichlich kochendem Salzwasser bissfest kochen, in ein Sieb abgießen und kalt abschrecken.

3 Wurst bei Bedarf von der Haut befreien und in mundgerechte Stücke schneiden. Zwiebel und Knoblauch schälen und in feine Scheiben schneiden. Das Schmalz in einer Pfanne schmelzen und Zwiebel und Knoblauch darin bei kleiner Hitze hellbraun braten. Wurststücke dazugeben und kurz anbraten. Kartoffeln und Nudeln zugeben und bei kleiner Hitze braten, bis knusprige Stellen an den Kartoffeln entstehen.

4 Grenadiermarsch kräftig mit Salz und Pfeffer würzen, auf vier Tellern anrichten und mit gehackter Petersilie bestreuen. Dazu schmeckt cremiger Gurkensalat mit Dill und Gewürzgurken oder frischer Krautsalat.

BUTTERSCHNITZL

KLEINE HACKBRATEN

Für 4 Portionen
50 Min. Zubereitung
Pro Portion: ca. 475 kcal

FÜR DIE HACKBRATEN
1 Brötchen
½ Bund Petersilie
500 g Kalbshackfleisch
1 Ei
100 g Sahne
Salz
Pfeffer (frisch gemahlen)
1 Msp. frisch geriebene Muskatnuss
2 EL Sonnenblumenöl
100 ml Rinderbrühe
1 EL kalte Butter

FÜR DIE KOHLRABI
2 kleine Kohlrabi
Salz
125 g Crème fraîche
50 ml Rinderbrühe
Pfeffer (frisch gemahlen)

1 Für die Butterschnitzel das Brötchen in einer Schüssel mit kaltem Wasser bedecken und 10 Min. einweichen, gut ausdrücken und fein hacken. Petersilie waschen, trocken schütteln, Blättchen abzupfen und diese fein hacken. Den Backofen auf 130° vorheizen. Das Hackfleisch zusammen mit Brötchen, der Hälfte der Petersilie, Ei und Sahne in eine Schüssel geben, vermischen und mit Salz, Pfeffer und Muskatnuss würzen. Aus der Masse kleine ovale Laibchen formen.

2 In einer Pfanne das Öl erhitzen und die Laibchen darin bei kleiner Hitze in ca. 8 Min. beidseitig braten, aus der Pfanne heben und im vorgeheizten Ofen warm stellen. Den Bratensatz mit der Brühe ablöschen und leicht reduzieren. Kalte Butter zugeben und unterschlagen.

3 Die Kohlrabi schälen, in feine Scheiben schneiden und in kochendem Salzwasser bei mittlerer Hitze 1 Min. garen, in ein Sieb abgießen und abtropfen lassen. Crème fraîche und die Brühe in einen Topf geben und aufkochen lassen. Kohlrabischeiben zugeben, in der Sauce kurz aufkochen und mit Salz und Pfeffer abschmecken. Hackbraten mit Kohlrabigemüse auf vier Tellern anrichten, mit der restlichen Petersilie bestreuen und servieren.

SPECKLINSN MIT KNÖDLN

SPECKLINSEN MIT SEMMELKNÖDELN

Für 4 Portionen
1 Std. Zubereitung
15 Min. Ruhen
Pro Portion: ca. 820 kcal

FÜR DIE SPECKLINSEN
300 g grüne Linsen
2 Lorbeerblätter
2 Zweige Thymian
2 kleine Zwiebeln
1 EL Kapern
150 g Frühstücksspeck
2 EL Sonnenblumenöl
1 EL Tomatenmark
1 EL Mehl
350 ml Rinderbrühe
einige Spritzer Apfelessig
1 TL Estragonsenf
Salz, Pfeffer

FÜR DIE SEMMELKNÖDEL
1 Zwiebel
1 Bund Petersilie
250 g Knödelbrot
50 g Butter
250 ml Milch
2 Eier
Salz
frisch geriebene Muskatnuss
50 g Weizenmehl (Type 550)

....

Tipp: Die Garzeit der Linsen verkürzt sich auf 20 Min., wenn Sie diese in einer Schüssel mit reichlich kaltem Wasser bedecken und über Nacht einweichen. Das Einweichwasser abgießen und die Linsen in frischem Wasser zugedeckt garen.

1 Für die Specklinsen die Linsen in einen Topf geben, mit Wasser bedecken, Lorbeerblätter und Thymianzweige dazugeben, aufkochen und die Linsen zugedeckt bei mittlerer Hitze in ca. 40 Min. bissfest kochen.

2 Inzwischen für die Semmelknödel die Zwiebel schälen und fein würfeln. Petersilie waschen, trocken schütteln, die Blättchen abzupfen, diese fein hacken und bis zum Servieren beiseitestellen. Knödelbrot in eine Schüssel geben. Die Butter in einer Pfanne schmelzen und die Zwiebel darin glasig dünsten. Dann Milch, Eier, Salz und Muskatnuss in einer Schüssel verquirlen und zusammen mit der Zwiebelmischung zum Knödelbrot geben. Den Schüsselinhalt locker verrühren, 15 Min. ruhen lassen und anschließend das Mehl untermischen.

3 Vom Knödelteig eine kleine Portion abstechen und mit angefeuchteten Händen daraus einen Probeknödel formen. In einem großen Topf reichlich Salzwasser zum Kochen bringen und den Probeknödel darin ca. 10 Min. zugedeckt eher sieden als köcheln lassen. Sollte der Knödel zerfallen, etwas Milch zum Teig geben, sollte die Masse zu weich sein, noch etwas Mehl zum Teig geben. Aus dem restlichen Teig ebenfalls Knödel formen und diese im siedenden Salzwasser garen.

4 Inzwischen für die Linsen die Zwiebeln schälen und in feine Würfel schneiden. Die Kapern fein hacken und den Frühstücksspeck fein würfeln. Die Linsen in ein Sieb abgießen und abtropfen lassen. Das Sonnenblumenöl in einem Topf erhitzen, die Zwiebeln darin glasig dünsten, Tomatenmark und Mehl zugeben, anbraten und mit der Rinderbrühe aufgießen. Die Sauce aufkochen, mit Essig, Senf, Salz, Pfeffer und Kapern vermischen. Die Linsen zugeben und ca. 10 Min. offen bei kleiner Hitze köcheln lassen, dabei immer wieder umrühren.

5 Speck in einer Pfanne ohne Fett knusprig auslassen. Die Linsen zusammen mit den Semmelknödeln in vier tiefen Tellern anrichten, die Knödel mit Speck und gehackter Petersilie bestreuen und servieren.

TAFELSPITZ MIT RÖST-ERDÄPFELN UND OPFLKREN

TAFELSPITZ MIT BRATKARTOFFELN UND APFELMEERRETTICH

Für 4 Portionen
1 Std. 20 Min. Zubereitung
2 Std. 30 Min. Garen
Pro Portion: ca. 690 kcal

FÜR DEN TAFELSPITZ

1,25 kg Tafelspitz
5 schwarze Pfefferkörner
1 Lorbeerblatt
1 Bund Suppengrün
2 Stängel Liebstöckel
2 kleine Zwiebeln (ca. 150 g)
1 Bund Schnittlauch
Salz

FÜR DIE BRATKARTOFFELN

800 g festkochende Kartoffeln
Salz
1 große Zwiebel
2 EL Öl
1 TL Kümmelkörner

FÜR DEN MEERRETTICH

300 g säuerliche Äpfel (z. B. Elstar)
2 EL Zitronensaft
20 g frischer Meerrettich
20 g Puderzucker
1 EL Öl
Salz

....

Tipp: Der Tafelspitz ist fertig, wenn er beim Einstechen mit einer Fleischgabel keinen Widerstand mehr bietet.

1 Für den Tafelspitz 3 l Wasser in einem großen Topf aufkochen. Tafelspitz warm abspülen und in den Topf legen. Pfeffer und Lorbeer zugeben, die Hitze reduzieren und das Fleisch bei kleiner Hitze offen schwach wallend ca. 2 Std. 30 Min. garen. Aufsteigenden Schaum immer wieder mit einem Schaumlöffel entfernen. Der Tafelspitz sollte immer mit Flüssigkeit bedeckt sein.

2 Inzwischen das Suppengrün waschen, putzen, bei Bedarf schälen und in grobe Stücke schneiden. Liebstöckel waschen und trocken schütteln. Zwiebeln ungeschält in ca. 1 cm dicke Scheiben schneiden. Eine Pfanne stark erhitzen und die Zwiebeln darin auf den Schnittflächen fast schwarz anrösten. Wenn der Tafelspitz 1 Std. 30 Min. Garzeit hinter sich hat, Suppengrün, Zwiebeln und Liebstöckel zum Fleisch geben und dieses fertig garen.

3 Inzwischen die Kartoffeln waschen, ungeschält in einen Topf geben, mit Wasser bedecken, dieses zum Kochen bringen und die Kartoffeln darin zugedeckt bei mittlerer Hitze in 15 Min. garen. Kartoffeln abgießen, kurz ausdampfen lassen, pellen, grob raspeln und salzen. Die Zwiebel schälen und klein würfeln. Öl in einer Pfanne erhitzen und die Kartoffeln darin in ca. 12 Min. knusprig rösten, dabei wenden. Die Zwiebel zugeben, kurz mitbraten und die Kartoffeln mit Salz und Kümmel würzen.

4 Für den Meerrettich die Äpfel schälen, vierteln, von den Kerngehäusen befreien, sehr fein raspeln und in einer Schale sofort mit Zitronensaft vermischen. Den Meerrettich putzen, schälen, fein reiben und zusammen mit Puderzucker, Öl und 1 Prise Salz unter die Äpfel rühren.

5 Gemüse und Fleisch aus der Suppe heben und das Fleisch in Scheiben schneiden. Schnittlauch waschen, trocken schütteln und in feine Röllchen schneiden. Brühe salzen und durch ein Sieb gießen. Fleisch und Gemüse mit etwas Brühe anrichten und mit Salz und Schnittlauch bestreuen. Kartoffeln und Meerrettich dazu servieren.

GFÜLLTE NAUSCHERL

GEFÜLLTE PAPRIKA

Für 4 Portionen
45 Min. Zubereitung
40 Min. Garen
Pro Portion: ca. 535 kcal

FÜR DIE TOMATENSAUCE

2 kleine Zwiebeln
1 Knoblauchzehe
800 g Tomaten
2 EL Sonnenblumenöl
1 EL Mehl
2 EL Tomatenmark
500 ml Gemüsebrühe
1 EL Zucker
Salz
Pfeffer (frisch gemahlen)

FÜR DIE PAPRIKA

100 g Langkornreis
Salz
1 Brötchen
4 grüne Paprika
2 Knoblauchzehen
400 g gemischtes Hackfleisch
1 TL getrockneter Majoran
Pfeffer (frisch gemahlen)

AUSSERDEM

Auflaufform (ca. 20 × 10 cm)
2 Stängel Majoran

....

Tipp: Indem Sie den Paprikadeckel verkehrt herum in die Paprika stecken, kann die Hackfleischmasse beim Braten nicht herausquellen.

1 Für die Tomatensauce Zwiebeln und Knoblauch schälen und fein würfeln. Die Tomaten waschen, von den Stielansätzen befreien und in kleine Stücke schneiden.

2 Das Öl in einer Pfanne erhitzen und Zwiebeln und Knoblauch darin anschwitzen. Mehl und Tomatenmark dazugeben, kurz anbraten, dann die Tomaten zugeben und ca. 3 Min. andünsten. Das Gemüse mit Brühe aufgießen, zum Kochen bringen und ca. 15 Min. offen kochen. Die Sauce mit Zucker, Salz und Pfeffer abschmecken, durch ein Sieb streichen und beiseitestellen.

3 Für die Paprika den Reis nach Packungsanweisung in Salzwasser garen, dann in ein Sieb abgießen und abtropfen lassen. Inzwischen das Brötchen in eine Schüssel geben, mit warmem Wasser bedecken, ca. 10 Min. einweichen, in einem Sieb gut ausdrücken und hacken.

4 Den Backofen auf 160° vorheizen. Die Paprika waschen, von den Schoten die Stiele mit etwas Fruchtfleisch drum herum als Deckel abschneiden. Deckel und Schoten von Kerngehäusen, Kernen sowie den weißen Trennwänden befreien und anschließend gut auswaschen.

5 Knoblauch schälen und fein hacken. Das Hackfleisch zusammen mit Knoblauch, Reis und gehacktem Brötchen in eine Schüssel geben, vermengen und mit Majoran, Salz und Pfeffer kräftig würzen. Die Hackfleischmasse fest in die Paprika füllen, die Deckel verkehrt herum (also mit dem Stiel nach unten) in die Paprika stecken.

6 Die Paprika aufrecht in die feuerfeste Form setzen. Die Tomatensauce angießen und die Paprika im heißen Backofen (Mitte) in ca. 40 Min. garen. Inzwischen den Majoran waschen, trocken schütteln, die Blättchen abzupfen und diese hacken. Paprika mit Tomatensauce in vier tiefen Tellern anrichten, Deckel aus der Füllung herausziehen und richtig herum auflegen. Die Paprika mit Majoran garnieren und servieren.

ES GEHT UM DIE WURST

Was der Döner in Berlin, ist die Bratwurst in Wien – die Würstelstände sind der Meetingpoint nach einer langen Nacht, um gemeinsam den Sonnenaufgang zu begrüßen.

Zum Würstelstand geht der Wiener nach dem Theater oder Konzert. Sehr beliebt sind die Würstelstände in der Ballsaison: Nach durchtanzter Nacht trifft man sich noch auf »a Haße« (Burenwurst oder Käsekrainer) mit Kinderschaß (süßer Senf), einem Spitz (kleiner, sehr scharfer Pfefferoni), einem Buckel (Schwarzbrot) und einem 16er-Blech, wie Dosenbier in Wien genannt wird, um die lange Nacht ausklingen zu lassen.

Schon im 16. Jahrhundert waren Bratlbrater in Wien unterwegs und erfreuten sich großer Beliebtheit. Sie brieten oder kochten die verschiedensten Fleischstücke auf fahrbaren Herden. Die ärmere Bevölkerung hatte dadurch wenigstens eine warme Mahlzeit pro Tag, denn damals war es nicht üblich, dass jede Behausung eine Küche hatte. Erst Anfang des 20. Jahrhunderts konnte man eine Lizenz für ein fahrbares Häuschen erwerben, aber nur für die Nacht. Der Herd darin wurde mit Holz befeuert, um das Wasser für die Würstchen zum Kochen zu bringen. Die Würstlhäuschen wurden am Abend auf die Straße gerollt und spätestens um fünf Uhr morgens wieder auf ihre Stellplätze in den Innenhöfen verfrachtet. In den 1960er-Jahren wurde jedoch die Holzbefeuerung verboten und fixe Stände mit Stromanschluss stehen seitdem in den Straßen der Stadt, die auch tagsüber ihre Spezialitäten verkaufen dürfen.

Würstelstand

KÄSEKRAINER MIT SEMMEL UND ZWIEBELN

KÄSEWÜRSTCHEN MIT BRÖTCHEN UND ZWIEBELN

Für 4 Portionen
40 Min. Zubereitung
55 Min. Ruhen
15 Min. Backen
Pro Portion: ca. 850 kcal

FÜR DIE BRÖTCHEN

490 g Weizenmehl (Type 405)
10 g Salz
12 g Backmalz
10 g frische Hefe

FÜR DIE WÜRSTCHEN

4 Käsekrainer
2 EL Sonnenblumenöl

AUSSERDEM

Mehl für die Arbeitsfläche
Sonnenblumenöl fürs Blech
1 rote Zwiebel
100 g Estragonsenf (ersatzweise Dijonsenf)

1 Für die Brötchen 320 ml Wasser, Mehl, Salz, Backmalz und Hefe in eine Rührschüssel geben und mit den Knethaken des Handrührgeräts zu einem geschmeidigen Teig kneten. Diesen zugedeckt 30 Min. ruhen lassen.

2 Den Backofen auf 240° vorheizen. Inzwischen den Teig nochmals gut durchkneten, mit einer Teigkarte in sechs Stücke mit je ca. 110 g teilen und diese auf einer leicht bemehlten Arbeitsfläche zu glatten Kugeln formen.

3 Die Teigstücke mit der Hand etwas flach drücken. Den linken Daumen auf acht Uhr auf den Teigfladen legen, die darüberliegende Seite des Fladens über den Daumen zur Mitte klappen und festdrücken – den Daumen liegen lassen. Mit der Handkante neben der Daumenspitze die Teiglasche abdrücken, den Teigling etwas drehen und den Teig, der rechts von der Handkantennaht liegt, zur Mitte klappen und festdrücken. Diesen Vorgang insgesamt fünfmal wiederholen. Es soll dabei die Sternform der Kaisersemmel entstehen. Die letzte Teiglasche in das Loch schieben, in dem der Daumen war, und den restlichen Teig am Brötchenboden festdrücken.

4 Ein Backblech mit etwas Sonnenblumenöl einstreichen. Die Brötchen auf das Backblech legen und zugedeckt 25 Min. ruhen lassen. Die Brötchen im heißen Backofen (Mitte) in ca. 15 Min. goldgelb backen.

5 Die Zwiebel schälen und in feine Ringe schneiden. Für die Würstchen die Käsekrainer mit einem Schaschlikspieß rundum mehrmals einstechen. Das Öl in einer Pfanne erhitzen und die Käsekrainer darin beidseitig bei mittlerer Hitze in ca. 8 Min. anbraten. Würstchen mit den Brötchen, den Zwiebelringen und dem Senf servieren.

REISFLEISCH VOM WAMMERL

REISFLEISCH VOM SCHWEINEBAUCH

Für 4 Portionen
45 Min. Zubereitung
1 Std. Garen
Pro Portion: ca. 815 kcal

FÜR DAS REISFLEISCH

250 g Zwiebeln
50 g durchwachsener Räucherspeck
550 g Schweinebauch (ersatzweise Schweineschulter)
1 EL Schweineschmalz
1 EL Tomatenmark
1 EL edelsüßes Paprikapulver
1 TL rosenscharfes Paprikapulver (nach Belieben)
2 Knoblauchzehen
1 Lorbeerblatt
½ TL gemahlener Kümmel (ersatzweise gemahlener Koriander)
1 TL getrockneter Majoran
Salz
1 Stück Parmesanrinde (nach Belieben)
1,2 l Rinderbrühe
250 g Langkornreis
30 g Parmesan

FÜR DEN SALAT

1 Endiviensalat
6 kleine Essiggurken
1 EL Aceto balsamico bianco
1 EL Gurkenwasser
1 Msp. Estragonsenf (ersatzweise Dijonsenf)
Zucker
Salz
weißer Pfeffer (frisch gemahlen)
5 EL Sonnenblumenöl

1 Für das Reisfleisch die Zwiebeln schälen. Speck und Zwiebeln in kleine Würfel schneiden. Den Schweinebauch kalt abspülen und in grobe Würfel schneiden.

2 Das Schmalz in einem beschichteten Topf erhitzen und den Speck darin auslassen. Die Zwiebeln zugeben und bei kleiner Hitze langsam goldbraun anbraten.

3 Den Topf von der Herdplatte nehmen, Tomatenmark und Paprikapulver dazugeben, unterrühren und die Fleischstücke einlegen. Den Knoblauch schälen und dazupressen. Lorbeerblatt, Kümmel, Majoran, Salz und nach Belieben die Parmesanrinde mit in den Topf geben.

4 Den Topf wieder auf die Herdplatte stellen, den Inhalt kurz aufkochen lassen, 700 ml Brühe dazugießen und das Fleisch anschließend bei kleiner Hitze zugedeckt 30–40 Min. schmoren, dabei öfter umrühren.

5 Nach der Schmorzeit 500 ml Brühe angießen, dieses salzen und den Reis dazugeben. Die Flüssigkeit nochmals aufkochen lassen und den Reis darin zugedeckt bei kleiner Hitze in ca. 20 Min. garen. Perfekt ist es, wenn das Reisfleisch sich trocken anfühlt, aber nicht trocken schmeckt. Den Parmesan fein reiben.

6 Inzwischen für den Salat Endiviensalat putzen, in einzelne Blätter teilen, waschen, trocken schleudern und in mundgerechte Stücke zupfen. Essiggurken sehr fein würfeln. Essig, Gurkenwasser, Senf, Zucker, Salz und Pfeffer in eine Salatschüssel geben und verrühren. Die Gurkenwürfel dazugeben und das Sonnenblumenöl mit einem Schneebesen unterschlagen. Endiviensalat zur Marinade geben und gut damit vermischen.

7 Parmesanrinde aus dem Reisfleisch entfernen, das Reisfleisch auf vier Tellern anrichten und mit Parmesan bestreuen. Salat in separaten Schüsseln dazu servieren.

GFÜLLTE KEIBLBRUST

GEFÜLLTE KALBSBRUST

Für 4 Portionen
50 Min. Zubereitung
2 Std. Garen
Pro Portion: ca. 735 kcal

FÜR DIE FÜLLUNG
3 Brötchen (ca. 120 g)
1 Bund Petersilie
125 ml Milch
60 g Butter
2 Eier
frisch geriebene Muskatnuss
Salz
Pfeffer (frisch gemahlen)

FÜR DIE KALBSBRUST
2 Schalotten
1 Bund Suppengemüse
1,2 kg Kalbsbrust (ausgelöst)
Salz
Pfeffer (frisch gemahlen)
2 EL Sonnenblumenöl
700 ml Rinderbrühe
200 g Kalbsknochen
Metall- oder Holzspieße

1 Für die Füllung Brötchen klein würfeln und in eine Schüssel geben. Petersilie waschen, trocken schütteln, die Blättchen abzupfen und diese fein hacken. Brötchen mit Milch übergießen und 10 Min. ziehen lassen. Butter schmelzen. Die Eier in eine Schüssel aufschlagen und verquirlen. Butter, Eier, Petersilie, Muskatnuss, Salz und Pfeffer zur Brötchenmasse geben und untermischen.

2 Für die Kalbsbrust Schalotten schälen und halbieren. Suppengemüse waschen, putzen, bei Bedarf schälen und in ca. 2 cm große Stücke schneiden. Den Backofen auf 170° vorheizen. Die Kalbsbrust unter kaltem Wasser abspülen, trocken tupfen, innen und außen salzen und pfeffern. Die Brötchenmasse in die Brust füllen und die Öffnung mit Metall- oder Holzspießen verschließen.

3 Öl in einem großen Bräter erhitzen und die Kalbsbrust darin rundum scharf anbraten, die Brühe angießen, die Kalbsknochen dazugeben und die Kalbsbrust im Ofen (unten) offen ca. 2 Std. garen, dabei öfter mit Bratensaft übergießen. Nach 1 Std. Garzeit das Gemüse und die Schalotten zugeben. Falls nötig, noch etwas Brühe zugeben – am Ende der Garzeit sollen 350 ml Bratensaft vorhanden sein. Kalbsbrust in Scheiben schneiden, mit Bratensaft, Gemüse und Schalotten servieren.

WURZLFLEISCH

GEKOCHTES FLEISCH MIT WURZELGEMÜSE

Für 4 Portionen
45 Min. Zubereitung
2 Std. 10 Min. Garen
Pro Portion: ca. 490 kcal

800 g Schweineschulter
40 ml Apfelessig
½ Stange Lauch
1 kleiner Zweig Thymian
1 kleine Zwiebel
1 Knoblauchzehe
5 schwarze Pfefferkörner
2 Pimentkörner
1 Lorbeerblatt
Salz
1 Möhre
1 Petersilienwurzel
1 gelbe Rübe
40 g frischer Meerrettich
½ Bund Schnittlauch
Pfeffer (frisch gemahlen)

1 Die Schweineschulter kalt abspülen, in einen großen hohen Topf legen, den Apfelessig und so viel Wasser dazugeben, bis das Fleisch gut bedeckt ist. Den Lauch längs halbieren, gründlich waschen und dann quer in grobe Stücke schneiden. Thymian waschen. Zwiebel und Knoblauch schälen und vierteln. Lauch, Zwiebel, Knoblauch, Pfeffer, Piment, Lorbeer, Thymian und ca. 1 TL Salz zum Fleisch in den Topf geben. Topfinhalt aufkochen und die Schweineschulter zugedeckt bei kleiner Hitze ca. 2 Std. köcheln lassen, bis sie weich ist.

2 Inzwischen Möhre, Petersilienwurzel und gelbe Rübe putzen, schälen und in feine Streifen schneiden. Das Gemüse zur fertig gegarten Schweineschulter in den Topf geben, die Brühe nochmals aufkochen und das Gemüse darin in ca. 10 Min. weich kochen. Meerrettich putzen, schälen und fein reiben. Schnittlauch waschen, trocken schütteln und in feine Röllchen schneiden.

3 Fleisch aus der Suppe heben und quer zur Faser in Scheiben schneiden, die Brühe mit Salz und Pfeffer abschmecken. Fleisch in vier tiefen Tellern zusammen mit dem Wurzelgemüse anrichten. Etwas Brühe dazugießen und das Gericht mit Meerrettich und Schnittlauch bestreuen. Dazu passen Kümmel-Salz-Kartoffeln.

GRAMMELKNÖDL MIT KRAUTSALAT

SPECKKNÖDEL MIT WEISSKOHLSALAT

Für 4 Portionen
45 Min. Zubereitung
40 Min. Garen
Pro Portion: ca. 1085 kcal

FÜR DEN SALAT

600 g Weißkohl
Salz
50 ml Apfelessig
60 ml Öl
Pfeffer (frisch gemahlen)
1 Prise Kümmelkörner
Zucker

FÜR DIE KNÖDEL

700 g mehligkochende Kartoffeln
2 kleine Zwiebeln
2 Knoblauchzehen
½ Bund Petersilie
250 g Grieben (s. Tipp:)
1 EL Sonnenblumenöl
Salz
Pfeffer (frisch gemahlen)
30 g Butter
110 g Weizenmehl (Type 550)
40 g Kartoffelstärke
3 Eigelb
50 g Weizengrieß

AUSSERDEM

Mehl zum Arbeiten

....

Tipp: Für selbst gemachte Grieben grünen Speck klein würfeln und in einer Pfanne ohne Fett bei mittlerer Hitze auslassen, bis die Speckwürfelchen knusprig sind.

1 Für den Salat den Kohl von äußeren Blättern befreien, vierteln, den Strunk herausschneiden und die Blätter sehr fein schneiden. In einem Topf reichlich Wasser aufkochen, salzen und den Kohl darin ca. 5 Min. blanchieren, dann in ein Sieb abgießen. Apfelessig, Öl, Salz, Pfeffer, Kümmel und Zucker in eine Schüssel geben, verrühren, den Weißkohl untermischen und den Salat durchziehen lassen. Den Backofen auf 100° vorheizen.

2 Für die Knödel Kartoffeln waschen, ungeschält in einen großen Topf geben, mit Wasser bedecken, dieses zum Kochen bringen und die Kartoffeln darin zugedeckt in 20–30 Min. garen. Kartoffeln abgießen, pellen, auf ein Backblech legen, im Backofen ca. 10 Min. ausdampfen lassen, durch die Kartoffelpresse in eine große Schüssel drücken und erkalten lassen. Zwiebeln und Knoblauch schälen und fein schneiden. Petersilie waschen, trocken schütteln, die Blättchen abzupfen und diese fein hacken. Die Grieben fein hacken. Das Öl in einer Pfanne erhitzen und Zwiebeln, Knoblauch und Grieben darin andünsten. Petersilie bis auf 2 EL unterrühren. Die Füllung vom Herd nehmen, salzen und pfeffern.

3 Butter schmelzen. Mehl und Stärke in einer großen Schüssel mischen. Kartoffeln, Eigelbe, Grieß und Salz zugeben und den Schüsselinhalt mit den Knethaken des Handrührgeräts zu einem glatten Teig verkneten, dabei die flüssige Butter dazugeben. Den Knödelteig auf leicht bemehlter Arbeitsfläche 5 mm dick ausrollen und daraus Quadrate mit 5–7 cm Seitenlänge schneiden. Griebenmasse darauf verteilen, mit dem Teig umhüllen und die Knödel mit bemehlten Händen rund rollen.

4 In einen großen Topf reichlich Wasser füllen, aufkochen, salzen und die Knödel darin zugedeckt bei kleiner Hitze in ca. 10 Min. gar ziehen, nicht kochen lassen. Knödel mit einem Schaumlöffel aus dem Wasser heben, abtropfen lassen, auf vier Tellern zusammen mit dem Krautsalat anrichten und mit restlicher Petersilie (2 EL) bestreuen.

ESTERHÁZYROSTBRATN

ROSTBRATEN MIT WURZELGEMÜSE

Nikolaus Esterházy, Mitglied der ungarischen Magnatendynastie, war ein prachtliebender Fürst, dem dieser österreichische Klassiker seinen Namen verdankt. Damit er Fürst Esterházy gerecht wird, sollten Sie dafür auch einen prachtvollen Rostbraten hernehmen.

Für 4 Portionen
45 Min. Zubereitung
1 Std. Garen
Pro Portion: ca. 765 kcal

2 kleine Zwiebeln
8 Kapern
1 Bio-Zitrone
¼ Bund Petersilie
4 Scheiben Rostbraten (je ca. 170 g)
Salz
Pfeffer (frisch gemahlen)
2 EL Estragonsenf (ersatzweise Dijonsenf)
4 EL Sonnenblumenöl
500 ml Rinderbrühe
1 gelbe Rübe
1 Möhre
¼ Knollensellerie
4 EL Butter
200 g Bandnudeln
125 g saure Sahne
20 g Mehl

1 Die Zwiebeln schälen und in feine Streifen schneiden. Kapern fein hacken. Zitrone heiß waschen, abtrocknen und die Schale abreiben. Die Petersilie waschen, trocken schütteln, die Blättchen abzupfen, diese fein hacken und bis zum Servieren beiseitestellen.

2 Fleischscheiben kalt abspülen und trocken tupfen. Jede Scheibe zwischen zwei Lagen Frischhaltefolie behutsam klopfen und die Ränder leicht mit einem scharfen Messer einschneiden. Rostbraten salzen, pfeffern und mit Senf bestreichen. Das Öl in einer großen Pfanne erhitzen und das Fleisch darin beidseitig in ca. 2 Min. scharf braun anbraten, dann aus der Pfanne heben.

3 Die Zwiebeln im verbliebenen Fett hell anbraten, mit der Brühe aufgießen, aufkochen und das Fleisch wieder einlegen. Kapern sowie Zitronenschale dazugeben und das Fleisch zugedeckt bei kleiner Hitze in ca. 1 Std. garen, dabei sollte es immer mit Flüssigkeit bedeckt sein.

4 20 Min. vor Ende der Rostbraten-Garzeit gelbe Rübe, Möhre und Sellerie putzen, schälen und in sehr feine lange Streifen schneiden. 2 EL Butter in einer Pfanne schmelzen und das Gemüse darin ca. 5 Min. andünsten.

5 Die Bandnudeln nach Packungsanweisung in reichlich kochendem Salzwasser bissfest kochen und in ein Sieb abgießen, dabei etwas Kochwasser auffangen. 2 EL Kochwasser, restliche Butter (2 EL) und Salz in einer Pfanne erhitzen, Nudeln zugeben und darin schwenken.

6 Das Fleisch aus der Sauce heben, saure Sahne und Mehl in eine Tasse geben, verrühren, unter die Sauce mischen und diese ca. 3 Min. reduzieren. Die Rostbraten auf vier Tellern anrichten, mit Sauce und den Wurzelgemüsestreifen bedecken, mit gehackter Petersilie bestreuen und zusammen mit den Butternudeln servieren.

FORELLE MÜLLERIN MIT PETERSILERDÄPFELN

FORELLE MÜLLERINART MIT PETERSILIENKARTOFFELN

Für 4 Portionen
45 Min. Zubereitung
Pro Portion: ca. 610 kcal

FÜR DIE KARTOFFELN

500 g kleine speckige Kartoffeln
Salz
4 Stängel Petersilie
1 EL Butter

FÜR DIE FORELLEN

2 Zitronen
4 Forellen
Salz
50 g Mehl
3 EL Sonnenblumenöl
80 g Butter
70 g Mandelblättchen

1 Die Kartoffeln waschen und schälen. In einem Topf reichlich Wasser zum Kochen bringen, salzen und die Kartoffeln darin zugedeckt bei mittlerer Hitze in ca. 20 Min. weich kochen. Inzwischen die Petersilie waschen, trocken schütteln, die Blättchen abzupfen und diese fein hacken.

2 Den Backofen auf 180° vorheizen. Währenddessen für die Forellen 1 Zitrone auspressen. Die Forellen kalt abspülen, trocken tupfen, innen und außen salzen, mit Zitronensaft beträufeln und in Mehl wenden. Das Öl in einer großen Pfanne erhitzen und die Forellen darin bei kleiner Hitze beidseitig ca. 2 Min. braten, dabei öfter mit dem Bratfett übergießen. Die Forellen auf ein Backblech legen und im heißen Backofen (Mitte) ca. 10 Min. garen.

3 Inzwischen die Kartoffeln abgießen. Die Butter im Topf aufschäumen. Kartoffeln und die Petersilie zugeben, vermischen und mit Salz abschmecken.

4 Das Bratöl aus der Pfanne, in der die Forellen gebraten wurden, abgießen, Butter in der Pfanne aufschäumen. Die Mandelblättchen darin leicht bräunen.

5 Forellen auf vier vorgewärmten Tellern anrichten, mit Mandelblättchen bestreuen und mit der Butter übergießen. Die restliche Zitrone vierteln und zu den Forellen legen. Die Kartoffeln separat dazu servieren.

LACHSFORELLENFILETS MIT KAROTTENLAIBCHEN

LACHSFORELLENFILETS MIT MÖHRENPUFFER

Für 4 Portionen
1 Std. Zubereitung
Pro Portion: ca. 605 kcal

FÜR DEN SPINAT

1 Limette
200 g Blattspinat
2 EL Olivenöl
Salz
Pfeffer (frisch gemahlen)

FÜR DIE MÖHRENPUFFER

1 rote Zwiebel
300 g Möhren
50 g junger Gouda
1 Zweig Thymian
2 EL Sonnenblumenöl
80 g Weizenmehl (Type 550)
Salz
Pfeffer (frisch gemahlen)
1 Zitrone

FÜR DIE FORELLENFILETS

4 EL Olivenöl
Kräutersalz
weißer Pfeffer (frisch gemahlen)
1 TL edelsüßes Paprikapulver
4 Lachsforellenfilets (je ca. 150 g)
1 Zweig Rosmarin
1 Zweig Thymian
2 Knoblauchzehen
3 EL Butter

1 Für den Spinat von der Limette die Schale mit einem scharfen Messer bis ins Fruchtfleisch dick abschneiden und die Filets zwischen den Trennhäutchen herauslösen, dabei den austretenden Saft auffangen. Den Blattspinat verlesen, von groben Stielen befreien, waschen und in einem Sieb gut abtropfen lassen.

2 Für die Möhrenpuffer die Zwiebel schälen und fein schneiden. Möhren putzen, schälen und grob raspeln. Gouda fein reiben. Thymian waschen, trocken schütteln, die Blättchen abzupfen und diese fein hacken. 1 EL Öl in einer Pfanne erhitzen und die Zwiebelwürfel darin bei mittlerer Hitze andünsten, bis sie weich sind. Möhren, Zwiebelwürfel, Gouda, Thymian, Mehl, Salz und Pfeffer in einer großen Schüssel vermischen und die Masse mit den Händen zu zwölf gleich großen Küchlein formen. Das restliche Öl (1 EL) in einer Pfanne erhitzen und die Puffer darin in ca. 4 Min. beidseitig goldbraun braten, auf Küchenpapier entfetten und warm stellen.

3 Für die Forellenfilets 2 EL Olivenöl, Kräutersalz, Pfeffer und Paprikapulver in eine Schüssel geben und zu einer Paste verrühren. Forellenfilets kalt abspülen, trocken tupfen und mit der Paste bestreichen. Kräuterzweige waschen und trocken schütteln. Knoblauch schälen und fein hacken. Restliches Öl (2 EL) in einer Pfanne erhitzen und die Filets darin auf der Hautseite 2 Min. braten, dann wenden und ca. 2 Min. weiterbraten. Butter, Rosmarin, Thymian und Knoblauch dazugeben und kurz mitbraten.

4 Während die Forellenfilets braten, gleichzeitig in einer Pfanne das Olivenöl für den Spinat erhitzen, die Spinatblätter zugeben und kurz andünsten, bis sie zusammengefallen sind. Limettenfilets und -saft dazugeben und den Spinat mit Salz und Pfeffer abschmecken.

5 Die gebratenen Lachsforellenfilets auf vier Tellern anrichten und mit dem Bratensaft beträufeln. Daneben den Spinat und die Möhrenpuffer arrangieren.

GEBACKNER KARPFEN MIT ERDÄPFELSALAT

GEBACKENER KARPFEN MIT KARTOFFELSALAT

Für 4 Portionen
45 Min. Zubereitung
30 Min. Garen
Pro Portion: ca. 950 kcal

FÜR DEN SALAT
600 g festkochende kleine Kartoffeln
Salz
100 g Mayonnaise
2 EL Joghurt (1 % Fett)
Pfeffer (frisch gemahlen)
2 EL Apfelessig
1 Bund Schnittlauch

FÜR DEN KARPFEN
1 Bio-Zitrone
8 Stücke Karpfenfilet, küchenfertig geschnitten (je ca. 100 g; ersatzweise Zanderfilet)
Salz
Pfeffer (frisch gemahlen)
3 Eier
100 g Weizenmehl (Type 550)
250 g Semmelbrösel

AUSSERDEM
500 ml Sonnenblumenöl zum Frittieren
1 Bio-Zitrone

1 Für den Salat Kartoffeln waschen, ungeschält in einen großen Topf geben, mit Wasser bedecken, dieses zum Kochen bringen, salzen und die Kartoffeln darin zugedeckt bei kleiner Hitze in 20–30 Min. garen. Dann die Kartoffeln abgießen, kurz ausdampfen lassen, pellen und in 3–4 mm dicke Scheiben schneiden.

2 In einer Schüssel Mayonnaise, Joghurt, Salz, Pfeffer und Apfelessig verrühren und die Kartoffeln vorsichtig unterheben. Schnittlauch waschen, trocken schütteln, in feine Röllchen schneiden und diese auf den Salat streuen.

3 Für den Karpfen die Zitrone auspressen. Karpfenstücke kalt abspülen, trocken tupfen und auf der Hautseite in kleinen Abständen mit einem scharfen Messer leicht einschneiden, die Fleischseite mit Zitronensaft beträufeln und mit Salz und Pfeffer würzen.

4 Die Eier in einen tiefen Teller aufschlagen und verquirlen. Mehl und Semmelbrösel jeweils auf einem flachen Teller verteilen. Die Karpfenstücke zuerst in Mehl wenden, gut abschütteln, dann durch die verquirlten Eier ziehen und zuletzt in den Semmelbröseln wenden.

5 Sonnenblumenöl in einer Pfanne stark erhitzen. Wenn an einem ins Öl gehaltenen Holzkochlöffelstiel Bläschen aufsteigen, ist es heiß genug. Die Karpfenstücke darin in ca. 10 Min. rundum knusprig ausbacken, aus der Pfanne heben und auf Küchenpapier entfetten.

6 Die Zitrone in Spalten schneiden. Die Karpfenstücke zusammen mit Kartoffelsalat und Zitronenspalten auf vier Tellern anrichten und sofort servieren.

ZANDERFILET MIT SZEGEDINER KRAUT

ZANDERFILET MIT PAPRIKA-SAUERKRAUT

Für 4 Portionen
45 Min. Zubereitung
45 Min. Garen
Pro Portion: ca. 430 kcal

600 g Sauerkraut
100 g Zwiebeln
4 EL Öl
1 EL edelsüßes Paprikapulver
400 ml Gemüsebrühe
1 Lorbeerblatt
1 TL Kümmelkörner
4 Wacholderbeeren
125 g saure Sahne
10 g + 2 EL Mehl
Salz
Pfeffer (frisch gemahlen)
1 Bund Petersilie
4 Zweige Rosmarin
700 g Zanderfilet mit Haut (küchenfertig)
1 Knoblauchzehe
30 g Butter

1 Falls das Sauerkraut zu sauer schmeckt, dieses in ein Sieb geben, kurz unter fließendem Wasser abspülen und abtropfen lassen. Das Sauerkraut kleiner schneiden. Die Zwiebeln schälen und fein schneiden.

2 2 EL Öl in einem großen Topf erhitzen und die Zwiebeln darin glasig dünsten. Das Paprikapulver einrühren und sofort die Gemüsebrühe angießen.

3 Sauerkraut, Lorbeer, Kümmel und Wacholderbeeren dazugeben, unterrühren und zugedeckt bei kleiner Hitze ca. 45 Min. dünsten. Saure Sahne und 10 g Mehl in eine Tasse geben, verrühren, zügig unter das Kraut mischen und dieses 2–3 Min. kochen lassen, mit Salz und Pfeffer abschmecken und warm halten. Die Kräuter waschen und trocken schütteln. Von der Petersilie die Blätter abzupfen, diese hacken und unter das Kraut mischen.

4 Zanderfilet kalt abspülen, trocken tupfen, nach Belieben in vier oder acht Stücke teilen, salzen und pfeffern. Die Hautseiten ins restliche Mehl (2 EL) drücken und überschüssiges Mehl abschütteln. Das restliche Öl (2 EL) in einer beschichteten Pfanne erhitzen und die Zanderfiletstücke mit der Hautseite nach unten darin je nach Dicke der Filets in ca. 5 Min. kross braten. Rosmarin zugeben, die Filets wenden und bei kleiner Hitze ca. 5 Min. ziehen lassen, sodass sie keine Farbe annehmen, die Zanderfilets sollen innen noch glasig sein.

5 Das Paprika-Sauerkraut auf vier vorgewärmten Tellern in der Mitte anrichten und die Zanderfilets darauf verteilen. Die Teller bis zum Servieren warm stellen.

6 Knoblauch anquetschen. Überschüssiges Öl aus der Pfanne, in der die Filets gebraten wurden, abgießen, sodass nur noch der Bratensatz übrig ist. Butter darin aufschäumen, den Knoblauch dazugeben und kurz mitschwenken. Die Knoblauchbutter über die Zanderfilets träufeln, mit Rosmarinzweigen garnieren und servieren.

VEGETARISCHE HAUPTGERICHTE

Vegetarisch zu genießen, ist in Österreich nicht schwer. Denn die Mehlspeisenkultur lässt mit Mohnnudeln, Germknödeln und Kaiserschmarrn die Fleischeslust schnell vergessen. Und Spinatknödel und Kasnocken wärmen als deftige Gaumenschmeichler die Seele.

SCHLUTZKRAPFN MIT BERGKAS

NUDELTASCHEN MIT BERGKÄSE

Die halbmondförmigen Nudeltaschen sind eine Spezialität aus Tirol. Wegen ihrer glitschigen Oberfläche tragen sie den Begriff »Schlutz« im Namen, was so viel heißt wie »rutschen« oder »gleiten«. Die Nussbutter dazu tut ihr Übriges.

Für 4 Portionen
2 Std. 30 Min. Zubereitung
1 Std. Ruhen
Pro Portion: ca. 660 kcal

FÜR DEN TEIG

300 g Weizenmehl (Type 550)
3 Eier
2 EL Olivenöl

FÜR DIE FÜLLUNG

400 g Blattspinat
Salz
250 g mehligkochende Kartoffeln
70 g Bergkäse
130 g Frischkäse
Pfeffer (frisch gemahlen)
frisch geriebene Muskatnuss

AUSSERDEM

Mehl zum Arbeiten
1 Ei
1 Bund Schnittlauch
40 g Bergkäse
1 EL Butter

1 Für den Teig Mehl, Eier, 2 EL Wasser und das Olivenöl in eine Schüssel geben und mit der Hand glatt verkneten. Teig in Frischhaltefolie einschlagen und 1 Std. kühlen.

2 Inzwischen für die Füllung den Spinat verlesen, von groben Stielen befreien, in kaltem Wasser gründlich waschen und in einem Sieb abtropfen lassen. In einem großen Topf Wasser zum Kochen bringen, salzen, den Spinat darin 1 Min. blanchieren und in Eiswasser abschrecken. Spinat abgießen, abtropfen lassen, auf einer Lage Küchenpapier abtrocknen und fein hacken.

3 Kartoffeln waschen, schälen und in 5 mm große Würfel schneiden. In einem Topf Wasser zum Kochen bringen, salzen, Kartoffeln darin zugedeckt in ca. 15 Min. garen, in ein Sieb abgießen und abtropfen lassen. Den Bergkäse reiben. Spinat, Kartoffeln, Frischkäse und Bergkäse in eine Schüssel geben, vermengen und mit Salz, Pfeffer und frisch geriebener Muskatnuss abschmecken.

4 Den Teig auf leicht bemehlter Arbeitsfläche 5 mm dick ausrollen und in 10 × 10 cm große Quadrate schneiden. Auf jedes Quadrat ca. 2 EL Füllung geben. Das Ei in einer Tasse verquirlen. Die Teigränder mit Ei bestreichen und die Quadrate zu Dreiecken falten. Die Ränder mit den Zinken einer Gabel festdrücken.

5 In einem großen Topf reichlich Wasser zum Kochen bringen, salzen und die Nudeltaschen darin offen in ca. 7 Min. bissfest kochen. Inzwischen den Schnittlauch waschen, trocken schütteln und in Röllchen schneiden. Bergkäse reiben. In einer Pfanne die Butter schmelzen. Nudeltaschen darin so lange schwenken, bis die Butter leicht bräunt, dann auf vier Teller verteilen, mit Schnittlauch und Käse bestreuen und nach Belieben zusammen mit einem knackigen Blattsalat servieren.

ERDÄPFELSCHMARRN

KARTOFFELSCHMARREN

Für 4 Portionen
45 Min. Zubereitung
8 Std. Auskühlen
30 Min. Garen
Pro Portion: ca. 430 kcal

FÜR DEN SCHMARREN

300 g festkochende Kartoffeln
Salz
1 Bund Petersilie
1 dünne Stange Lauch
1 rote Zwiebel
1 EL Butter
Pfeffer (frisch gemahlen)
4 Eier
120 ml Milch
1 TL getrockneter Majoran
120 g Mehl
frisch geriebene Muskatnuss
2 EL Sonnenblumenöl

FÜR DIE KRÄUTERCREME

2 Stängel Kerbel
1 Bund Schnittlauch
125 g Crème fraîche
Pfeffer (frisch gemahlen)
Salz

1 Am besten am Vortag die Kartoffeln waschen, ungeschält in einen Topf geben, mit Wasser bedecken, dieses aufkochen, salzen und die Kartoffeln darin zugedeckt bei mittlerer Hitze in 15 Min. bissfest kochen. Die Kartoffeln abgießen und über Nacht auskühlen lassen.

2 Am nächsten Tag die Kartoffeln pellen und grob reiben. Den Backofen auf 200° (Umluft) vorheizen. Inzwischen die Petersilie waschen, trocken schütteln, dann die Blättchen abzupfen und diese fein hacken. Den Lauch längs halbieren, gründlich waschen und quer in feine Streifen schneiden. Die Zwiebel schälen und in feine Streifen schneiden. Butter in einer Pfanne schmelzen und Lauch und Zwiebel darin 2 Min. dünsten, salzen und pfeffern.

3 Die Eier trennen. Die Eiweiße mit den Rührbesen des Handrührgeräts steif schlagen und kalt stellen. Milch, Majoran und die Eigelbe in eine Schüssel geben und verquirlen. Mehl, Salz und Pfeffer dazugeben und den Schüsselinhalt zu einem glatten Teig verrühren. Eischnee mit einem Schneebesen vorsichtig unterheben. Petersilie und Muskatnuss zugeben und zusammen mit der Lauch-Zwiebel-Mischung vorsichtig unterheben.

4 Das Sonnenblumenöl in einer beschichteten Pfanne erhitzen und die geriebenen Kartoffeln darin verteilen. Den Teig darauf verteilen und den Kartoffelschmarren bei mittlerer Hitze ca. 2 Min. anbacken, dann im heißen Ofen (Mitte) in 10–15 Min. fertig backen.

5 Inzwischen für die Kräutercreme Kerbel und Schnittlauch waschen und trocken schütteln. Den Schnittlauch in Röllchen schneiden und 2 EL davon bis zum Servieren beiseitestellen. Vom Kerbel die Blättchen abzupfen und diese fein hacken. Kräuter, Crème fraîche, Pfeffer und Salz in eine Schale geben und verrühren.

6 Den Kartoffelschmarren aus dem Ofen nehmen, mit zwei Gabeln in Stücke teilen, auf vier Teller verteilen, mit restlichem Schnittlauch (2 EL) bestreuen und zusammen mit der Kräutercreme servieren. Dazu passt Blattsalat.

KRAUTFLECKERL

WEISSKOHL-NUDEL-PFANNE

Für 4 Portionen
45 Min. Zubereitung
Pro Portion: ca. 465 kcal

½ Bund Petersilie
2 Zwiebeln
720 g Weißkohl
8 EL Öl
60 g Zucker
Salz
Pfeffer (frisch gemahlen)
1 TL Kümmelkörner
200 g Fleckerl (ersatzweise Penne)

1 Die Petersilie waschen, trocken schütteln, die Blättchen abzupfen, diese fein hacken und für die Garnitur beiseitestellen. Zwiebeln schälen und in feine Würfel schneiden. Weißkohl von äußeren Blättern und Strunk befreien, waschen und in ca. 1 cm große Quadrate schneiden.

2 Das Öl in einem Topf erhitzen und den Zucker darin unter Rühren dunkel karamellisieren. Die Zwiebelwürfel hinzufügen und ca. 2 Min. mitbraten. Kohl und 150 ml Wasser dazugeben. Anschließend das Kohlgemüse mit Salz, Pfeffer und Kümmel kräftig würzen und bei mittlerer Hitze zugedeckt in ca. 25 Min. bissfest dünsten, dabei eher trocken halten – die Kohlstücke sollten nicht in Flüssigkeit schwimmen.

3 Während der Kohl gart, parallel die Fleckerl nach Packungsanweisung in reichlich kochendem Salzwasser bissfest kochen, in ein Sieb abgießen und zum Kohl geben, wenn dieser bissfest ist. Die Nudelpfanne nochmals mit Salz und Pfeffer kräftig abschmecken, auf vier Teller verteilen und mit frisch gehackter Petersilie bestreuen.

SPINATKNÖDL MIT BUTTER

SPINATKNÖDEL MIT BUTTER

Für 4 Portionen
45 Min. Zubereitung
1 Std. Ruhen
20 Min. Garen
Pro Portion: ca. 895 kcal

100 g + 8 EL Butter
350 g Knödelbrot
80 ml Milch
300 g TK-Blattspinat
2 Knoblauchzehen
5 Eier
40 g Mehl
frisch geriebene Muskatnuss
Salz
Pfeffer (frisch gemahlen)
50 g Bergkäse

1 100 g Butter in einer großen Pfanne schmelzen, das Knödelbrot darin in ca. 4 Min. bei mittlerer Hitze anrösten und anschließend in eine große Schüssel geben. Die Milch lauwarm erhitzen und über das Knödelbrot gießen.

2 Den Spinat nach Packungsanweisung auftauen, in einem Sieb gut ausdrücken und grob hacken. Knoblauch schälen und fein hacken. Die Eier in eine Schüssel aufschlagen und verquirlen.

3 Spinat, Knoblauch und Eier zusammen mit Mehl, 2 Prisen Muskatnuss, Salz und Pfeffer unter die Knödelbrotmasse mischen und diese ca. 1 Std. zugedeckt ruhen lassen.

4 Reichlich Wasser in einen großen Topf füllen und aufkochen. Mit nassen Händen aus dem Teig zwölf Knödel formen. Das kochende Wasser im Topf salzen und die Knödel darin zugedeckt bei kleiner Hitze in ca. 20 Min. gar sieden. Knödel mit einem Schaumlöffel aus dem Topf heben, abtropfen lassen und warm halten.

5 Den Bergkäse reiben. In einem kleinen Topf die restliche Butter (8 EL) schmelzen und bräunen, bis sie leicht nach Nuss duftet. Die Knödel auf vier Tellern anrichten, mit Nussbutter beträufeln, mit Bergkäse bestreuen und servieren. Dazu passt sehr gut ein knackiger Blattsalat.

GEBRATNER LAUCH MIT HASELNUSSPESTO

GEBRATENER LAUCH MIT HASELNUSSPESTO

Für 4 Portionen
50 Min. Zubereitung
Pro Portion: ca. 700 kcal

FÜR DEN LAUCH

1 Knoblauchknolle
1 Stück Ingwer (ca. 2 cm)
4 mittelgroße Stangen Lauch
Salz
5 EL Olivenöl
2 Tomaten
1 Zitrone
1 säuerlicher Apfel (z. B. Granny Smith)
1 Bund Schnittlauch

FÜR DAS PESTO

2 Knoblauchzehen
1 großes Bund Basilikum
½ Bund Pfefferminze
1 Bund Petersilie
70 g Haselnusskerne
140 g Olivenöl
30 g Pecorino

AUSSERDEM

Auflaufform (20 × 30 × 5 cm)

1 Den Backofen auf 210° vorheizen. Knoblauchknolle quer halbieren. Ingwer schälen und sehr fein hacken. Grüne Enden der Lauchstangen abschneiden und anderweitig verwenden. Die Lauchstangen waschen, trocken tupfen, im Ganzen in die Auflaufform geben, salzen und mit 3 EL Olivenöl beträufeln. Die Knoblauchknolle und die Hälfte des Ingwers dazugeben und den Lauch im heißen Backofen (Mitte) ca. 15 Min. schmoren.

2 Inzwischen Tomaten kreuzweise einschneiden, in einer Schüssel mit kochendem Wasser übergießen und kurz darin ziehen lassen. Die Tomaten in eiskaltem Wasser abschrecken, häuten, halbieren, die Kerne herauskratzen und in einer Schüssel auffangen. Das Tomatenfruchtfleisch in Spalten schneiden. Die Tomatenkerne durch ein Sieb ausdrücken, den Saft auffangen und mit restlichem Öl (2 EL) vermengen. Die Tomatenspalten unter die Saft-Öl-Mischung heben.

3 Lauch aus dem Ofen nehmen und die verbrannten Schichten entfernen. Die Zitrone auspressen. Den Apfel schälen, vierteln, vom Kerngehäuse befreien, in hauchdünne Scheiben schneiden und mit Zitronensaft beträufeln. Apfel und restlichen Ingwer zu den Tomaten geben.

4 Für das Nusspesto den Knoblauch schälen. Die Kräuter waschen, trocken schütteln und die Blättchen abzupfen. Die Haselnüsse grob hacken. 2 EL Öl in einer Pfanne erhitzen und die Nüsse darin bei kleiner Hitze anrösten, dann auf einen Teller schütten und auskühlen lassen. Pecorino in feine Scheiben hobeln. Vorbereitete Zutaten zusammen mit dem restlichen Öl (120 ml) in einen Standmixer geben und zu einem glatten Pesto mixen. Lauch mit der Tomaten-Apfel-Mischung und dem Pesto auf vier Tellern anrichten und servieren.

ROTE-RÜBN-KNÖDL MIT KREN

ROTE-BETE-KNÖDEL MIT MEERRETTICH

Für 4 Portionen
1 Std. 10 Min. Zubereitung
20 Min. Ruhen
10 Min. Garen
Pro Portion: ca. 515 kcal

FÜR DIE KNÖDEL

1 große Zwiebel
1 Zitrone
1 Bio-Orange
150 g Knödelbrot
25 g Butter
150 g vorgegart Rote Beten (vakuumiert)
2 Eier
80 g Frischkäse
2 EL Mehl
Salz
1 Msp. gemahlener Kümmel
1 Msp. gemahlener Koriander

FÜR DIE SAUCE

2 Schalotten
1 Stange Lauch (nur weißer Teil)
2 EL Butter
125 ml trockener Weißwein
60 ml Wermut
150 ml Gemüsebrühe
100 g Sahne
Salz
Pfeffer (frisch gemahlen)
1 Handvoll Sauerampfer

AUSSERDEM

1 Bund Schnittlauch
1 Stück frischer Meerrettich (ca. 4 cm lang)

....

Tipp: Anstelle der Sauce schmeckt auch geschmolzene Butter dazu.

1 Für die Knödel die Zwiebel schälen und fein würfeln. Die Zitrone auspressen. Orange heiß waschen, abtrocknen und die Schale abreiben. Das Knödelbrot in eine Rührschüssel geben. Die Butter in einer Pfanne schmelzen und die Zwiebel darin glasig dünsten. Zwiebelmischung zum Knödelbrot geben und untermischen.

2 Rote Beten klein schneiden, zusammen mit Eiern, Frischkäse und Zitronensaft in einen hohen Rührbecher geben und mit dem Pürierstab fein pürieren. Rote-Bete-Masse und das Mehl zum Knödelbrot geben und untermischen. Den Teig mit Salz, Kümmel, Koriander, und Orangenschale würzen und mindestens 20 Min. ruhen lassen.

3 Mit nassen Händen aus dem Teig kleine Knödel formen. In einen großen Topf reichlich Wasser füllen, dieses zum Kochen bringen, salzen und zunächst einen Probeknödel darin zugedeckt in 10 Min. gar ziehen lassen. Dann die restlichen Knödel genauso garen.

4 Inzwischen für die Sauce die Schalotten schälen und fein schneiden. Die Lauchstange längs aufschneiden, gründlich waschen und quer in feine Streifen schneiden. Die Butter in einem Topf schmelzen und die Schalotten zusammen mit dem Lauch darin glasig dünsten, dann mit Weißwein und Wermut ablöschen und die Flüssigkeit leicht reduzieren. Brühe und Sahne angießen, die Sauce nochmals offen bei kleiner Hitze ca. 5 Min. reduzieren, fein pürieren und mit Salz und Pfeffer abschmecken.

5 Den Sauerampfer waschen, gut abtropfen lassen, fein schneiden und zur Sauce geben. Diese aufkochen und nochmals mit dem Pürierstab fein mixen. Den Schnittlauch waschen, trocken schütteln und in feine Röllchen schneiden. Meerrettich schälen und fein reiben.

6 Die Rote-Bete-Knödel mit einem Schaumlöffel aus dem Topf heben. Die Sauce auf vier tiefe Teller verteilen, die Knödel mittig in die Teller setzen, mit Meerrettich und Schnittlauch bestreuen und servieren.

KASNOCKEN

KÄSESPÄTZLE

Für 4 Portionen
40 Min. Zubereitung
Pro Portion: ca. 990 kcal

500 g + 2 EL Weizenmehl (Type 550)
5 Eier
125 ml Milch
Salz
frisch geriebene Muskatnuss
4 Zwiebeln
1 TL edelsüßes Paprikapulver
1 Bund Schnittlauch
300 g Bergkäse
2 EL Butterschmalz
Pfeffer (frisch gemahlen)

AUSSERDEM
300 ml Öl zum Frittieren

1 500 g Mehl, Eier, Milch, Salz und Muskatnuss in eine Rührschüssel geben und mit den Knethaken des Handrührgeräts zu einem Teig verkneten.

2 Für die Röstzwiebeln 2 Zwiebeln schälen, halbieren, in dünne Ringe schneiden und mit restlichem Mehl (2 EL) und Paprikapulver bestreuen. Das Öl zum Frittieren in einen kleinen Topf füllen und erhitzen. Wenn an einem ins Fett gehaltenen Holzkochlöffelstiel Bläschen aufsteigen, ist es heiß genug. Die Zwiebelringe darin bei mittlerer bis großer Hitze in ca. 3 Min. hellbraun ausbacken. Röstzwiebeln mit zwei Gabeln aus dem Topf heben und auf Küchenpapier entfetten.

3 Schnittlauch waschen, trocken schütteln und in feine Röllchen schneiden. Den Käse entrinden und reiben.

4 Reichlich Wasser in einen großen Topf füllen, aufkochen, salzen, den Spätzleteig mithilfe eines Spätzlehobels ins kochende Wasser reiben und darin 3 Min. kochen, bis die Spätzle an die Wasseroberfläche steigen. Dann die Spätzle mit einem Schaumlöffel aus dem Topf heben, in ein Sieb geben und gut abtropfen lassen.

5 Die 2 restlichen Zwiebeln schälen und in feine Ringe schneiden. Das Butterschmalz in einer Pfanne erhitzen und die Zwiebelringe darin bei kleiner Hitze goldgelb braten, die Spätzle und den Käse zugeben und langsam erhitzen, bis der Käse geschmolzen ist und Fäden zieht, dabei immer wieder durchmischen.

6 Einen Schöpfer Spätzlekochwasser zu den Käsespätzle geben und vorsichtig untermischen. Die Käsespätzle auf vier tiefe Teller verteilen, mit den Röstzwiebeln und den Schnittlauchröllchen bestreuen und mit Pfeffer übermahlen. Käsespätzle nach Belieben mit Salat servieren.

OFENPLUTZER MIT BIAN

OFENKÜRBIS MIT BIRNE

Für 4 Portionen
45 Min. Zubereitung
Pro Portion: ca. 240 kcal

1 Zweig Rosmarin
4 Knoblauchzehen
1 Hokkaido-Kürbis
Salz
Pfeffer (frisch gemahlen)
2 EL Blütenhonig
3 EL Olivenöl
1 Limette
150 g Sahnejoghurt (10 % Fett)
2 reife Birnen
1 Stück Ingwer (ca. 2 cm lang)
1 EL Weißweinessig
100 g Rucola

1 Den Backofen auf 180° vorheizen. Rosmarin waschen und trocken schütteln. Die Knoblauchzehen ungeschält mit einer Messerklinge anquetschen.

2 Hokkaido-Kürbis waschen, von Stiel und unschönen Stellen befreien, halbieren, entkernen und in 2 cm dicke Spalten schneiden. Die Spalten auf einem Backblech verteilen, mit Salz, Pfeffer, Honig, Olivenöl, Rosmarin und Knoblauch mischen, auf mittlerer Schiene in den heißen Backofen schieben und in ca. 25 Min. garen.

3 Inzwischen die Limette auspressen. Den Joghurt, den Limettensaft und Salz in einer Schüssel verrühren.

4 Die Birnen waschen, vierteln, von den Kerngehäusen befreien und in hauchdünne Scheiben schneiden. Den Ingwer schälen, fein reiben, zusammen mit den Birnen und dem Essig in eine Schüssel geben und mischen.

5 Rucola verlesen, von groben Stielen befreien, waschen, abtropfen lassen und unter den Birnensalat heben. Den Kürbis mit Birnen-Rucola-Salat und Joghurtsauce auf vier Tellern anrichten und mit Pfeffer übermahlen.

KNÖDL MIT EI

KNÖDEL MIT EI

Für 4 Portionen
45 Min. Zubereitung
30 Min. Garen
Pro Portion: ca. 845 kcal

FÜR DIE KNÖDEL

10 Brötchen (ca. 500 g)
1 Bund Petersilie
1 Zwiebel
6 EL Butter
300 ml Milch
8 Eier
Salz
frisch geriebene Muskatnuss

FÜR DEN GURKENSALAT

2 Knoblauchzehen
1 Salatgurke
Salz
2 EL Weißweinessig
Pfeffer (frisch gemahlen)
4 EL Sonnenblumenöl

AUSSERDEM

1 Bund Schnittlauch

1 Für die Knödel Brötchen in feine Scheiben schneiden und in eine große Schüssel geben. Petersilie waschen, trocken schütteln, die Blättchen abzupfen und diese fein hacken. Die Zwiebel schälen und fein würfeln.

2 4 EL Butter in einer Pfanne schmelzen, Zwiebel darin glasig dünsten, mit der Milch aufgießen, die Mischung zu den Brötchen geben und kurz untermischen. 4 Eier, Salz und Muskatnuss zur Brötchenmasse in die Schüssel geben und untermischen. Den Knödelteig dritteln und jede Portion auf einer Lage Frischhaltefolie zu einer Rolle formen. Anschließend die Teigrollen in Frischhaltefolie und zusätzlich in eine Lage Alufolie einschlagen.

3 In einen großen Topf reichlich Wasser füllen, dieses zum Kochen bringen, salzen und die Knödelrollen darin in ca. 30 Min. zugedeckt bei kleiner Hitze köcheln lassen.

4 Inzwischen für den Gurkensalat den Knoblauch schälen und fein hacken. Die Gurke waschen, putzen und in sehr feine Scheiben hobeln. Diese in einer Schüssel mit Salz mischen und 10 Min. Wasser ziehen lassen.

5 Für die Marinade Essig, Knoblauch und Pfeffer in einer Salatschüssel verrühren und das Öl mit einem Schneebesen unterschlagen. Die Gurkenscheiben in einem Sieb gut ausdrücken und unter die Marinade heben.

6 Schnittlauch waschen, trocken schütteln und in feine Röllchen schneiden. Knödelrollen aus dem Topf heben, von den Folien befreien, dann auskühlen lassen, quer in 1 cm dicke Scheiben schneiden und diese halbieren. Die restliche Butter (2 EL) in einer Pfanne schmelzen und die Knödelscheiben darin bei mittlerer Hitze in ca. 6 Min. beidseitig goldgelb anbraten.

7 Die restlichen 4 Eier in eine Schüssel aufschlagen, verquirlen, über die Knödelscheiben gießen, unterheben und den Pfanneninhalt kurz durchschwenken. Knödel auf vier Tellern anrichten, mit Schnittlauch bestreuen und zusammen mit dem Gurkensalat servieren.

KAISERSCHMARRN MIT ZWETSCHGENRÖSTER

KAISERSCHMARREN MIT ZWETSCHGENKOMPOTT

Für 4 Portionen
25 Min. Zubereitung
25 Min. Backen
Pro Portion: ca. 820 kcal

FÜR DAS KOMPOTT

600 g Zwetschgen
½ Zitrone
130 g Zucker
1 Zimtstange
2 EL Rum (nach Belieben)

FÜR DEN SCHMARREN

4 Eier
80 g Zucker
500 ml Milch
250 g Mehl
1 Pck. Vanillezucker
abgeriebene Schale von je 1 Bio-Zitrone und -Orange
Salz
30 g Rosinen
40 g Butterschmalz
4 EL Rum
Puderzucker

....

Tipp: Apfelmus statt Kompott? Dafür 3 säuerliche Äpfel schälen, vierteln, von den Kerngehäusen befreien und in Spalten schneiden. Apfelspalten, 100 ml Weißwein, 100 ml Apfelsaft, 40 g Zucker, 1 Zimtstange, 1 Nelke und abgeriebene Schale von je ½ Bio-Zitrone und ½ Bio-Orange in einem Topf zum Kochen bringen und zugedeckt bei mittlerer Hitze in ca. 10 Min. bissfest garen, dann auskühlen lassen und die Gewürze entfernen.

1 Für das Kompott die Zwetschgen waschen, entsteinen und vierteln. Den Saft der Zitrone auspressen. Zitronensaft, Zwetschgen, Zucker und Zimtstange in einen Topf geben, aufkochen und zugedeckt bei mittlerer Hitze ca. 10 Min. köcheln lassen. Zwetschgenkompott nach Belieben mit Rum abschmecken, auskühlen lassen und anschließend die Zimtstange entfernen.

2 Für den Schmarren den Backofen auf 180° vorheizen. Die Eier trennen. Die Eiweiße und 40 g Zucker mit den Rührbesen des Handrührgeräts steif schlagen.

3 Die Milch zusammen mit Mehl, Vanillezucker, Zitronen- und Orangenschale, 1 kleinen Prise Salz sowie den Rosinen in eine große Rührschüssel geben und glatt verrühren. Eischnee und Eigelbe vorsichtig mit einem Teigschaber unter die Milch-Mehl-Mischung heben.

4 Das Butterschmalz in einer ofenfesten Pfanne (24 cm ∅) erhitzen. Den Teig einfüllen, gleichmäßig verteilen und bei kleiner bis mittlerer Hitze ca. 30 Sek. anbacken. Den Schmarren im Backofen (Mitte) 20–25 Min. backen.

5 Dann den Kaiserschmarren mit zwei Gabeln zerpflücken und an den Pfannenrand schieben. Auf die freie Fläche in der Pfanne den restlichen Zucker (40 g) streuen, karamellisieren lassen und mit dem Rum ablöschen.

6 Schmarrenstücke mit dem Karamell vermischen. Kaiserschmarren mit Puderzucker bestreuen und zusammen mit dem Zwetschgenkompott servieren.

DES KAISERS MISS-GLÜCKTE PALATSCHINKEN

Eine dicke Puderzuckerschicht, die in der heißen Pfanne noch karamellisiert, macht einen perfekten Kaiserschmarrn aus. Frisches Kompott dazu - ein Gedicht!

Der Kaiser aß gerne zum Dessert Palatschinken. Ein Küchenlehrling wurde damit beauftragt, ihm diese zuzubereiten. Doch leider sind dem noch unerfahrenen Koch die Pfannkuchen zu dick geworden und obendrein auch noch zerrissen. In seiner Not zerteilte er die Palatschinken in kleine Stücke, gab Puderzucker und Rosinen dazu und so wurde das Gericht dem Kaiser serviert.

Beim Anblick der zerfledderten Süßspeise fragte der Kaiser: »Sag er mir, was ist denn das für ein Schmarrn?« Woraufhin der schlagfertige Diener, der ihm das Gericht servierte, entgegnete: »Gestatten, Majestät, das ist ein Kaiserschmarrn!«

Seither ist er Bestandteil beinahe jeder Dessertkarte in Österreich, als Hüttenschmankerl heiß geliebt und in aller Munde. Übrigens: Ein richtig guter Kaiserschmarrn ist wunderbar karamellisiert und braucht Zeit. Wenn er in fünf Minuten auf dem Tisch steht, ist er sicher nicht ofenfrisch. Dazu wird je nach Saison Zwetschgen- oder Marillenröster, aber auch Apfelmus zum Eintunken gereicht. Wer keine Rosinen mag, darf diesen Wunsch gerne beim Service äußern – wird der Teig frisch zubereitet, kommt der Koch dem Anliegen sicher gerne nach … außer er ist ein Korinthenkacker.

BUCHTELN MIT MARMELADE

HEFEGEBÄCK MIT KONFITÜRE

Mehlspeisen sind in Österreich Pflicht und man kommt an ihnen eigentlich auch nicht vorbei. Lauwarm direkt in der Form serviert, sind die Buchteln ein Gedicht mit feiner Butterkruste, Puderzuckerhäubchen und Marmeladenkern. Glück hoch drei!

Für 12 Stück
30 Min. Zubereitung
1 Std. 45 Min. Ruhen
20 Min. Backen
Pro Stück: ca. 395 kcal

300 ml Milch
1 Würfel frische Hefe (42 g)
500 g Mehl
4 Eigelb
60 g Zucker
1 Pck. Vanillezucker
abgeriebene Schale von 1 Bio-Zitrone
2 Prisen Salz
230 g weiche Butter
150 g Aprikosenkonfitüre

AUSSERDEM
Auflaufform (ca. 38 × 22 cm)
weiche Butter für die Form
Mehl zum Arbeiten
Puderzucker

1 Die Milch in einem Topf lauwarm erhitzen. Hefe in eine Schüssel bröckeln, 80 ml lauwarme Milch dazugeben und die Hefe darin auflösen. 90 g Mehl dazugeben und den Schüsselinhalt zu einem dickflüssigen Brei (»Dampfl«) verrühren. Diesen Vorteig mit etwas Mehl bestreuen, mit einem Küchentuch zudecken und an einem warmen Ort ca. 15 Min. gehen lassen, bis sich sein Volumen deutlich vergrößert hat und die Oberfläche Risse zeigt.

2 Eigelbe, Zucker, Vanillezucker, abgeriebene Zitronenschale und Salz in eine Rührschüssel geben und mit den Rührbesen des Handrührgeräts schaumig rühren. Restliche Milch (220 ml) unterrühren, restliches Mehl (410 g), 80 g weiche Butter sowie den Vorteig dazugeben und die Teigzutaten mit den Knethaken des Handrührgeräts glatt verkneten. Teig zugedeckt bei Raumtemperatur nochmals ca. 1 Std. gehen lassen.

3 Restliche Butter (150 g) schmelzen. Die Auflaufform mit Butter ausstreichen. Den Teig kurz durchkneten, auf der bemehlten Arbeitsfläche ca. 5 mm dick ausrollen und aus der Teigplatte zwölf Kreise mit 11 cm ∅ ausstechen.

4 In die Mitte jedes Kreises 1 TL Konfitüre setzen, die Buchteln zu einem länglichen Knödel formen und die Nahtstellen gut zusammendrücken. Die Buchteln in die flüssige Butter tauchen, mit dem Verschluss nach unten mit etwas Abstand zueinander in die Form setzen und zugedeckt an einem warmen Ort 30 Min. gehen lassen.

5 Inzwischen den Backofen auf 170° vorheizen. Buchteln im heißen Backofen (Mitte) ca. 20 Min. backen, dann mit Puderzucker bestreuen und in der Auflaufform servieren. Dazu passt Vanillesauce.

WUZINUDLN

MOHNNUDELN

Für 4 Portionen
1 Std. Zubereitung
28 Min. Garen
Pro Portion: ca. 440 kcal

350 g mehligkochende Kartoffeln
Salz
60 g Weizenmehl (Type 550)
1 Ei (M)
30 g feiner Weizengrieß
1 Pck. Vanillezucker
250 g Magerquark
1 TL Butter
100 g gemahlene Mohnsamen
20 g Puderzucker
250 g Apfelkompott (aus dem Glas; ersatzweise selbst zubereitet)

AUSSERDEM
Mehl zum Arbeiten
2 EL Puderzucker zum Bestreuen

1 Kartoffeln waschen, ungeschält in einem großen Topf mit Wasser bedecken, dieses aufkochen, salzen und die Kartoffeln darin zugedeckt bei mittlerer Hitze in 20 Min. garen. Kartoffeln abgießen, kurz ausdampfen lassen, pellen und heiß durch eine Kartoffelpresse in eine Schüssel drücken. Mehl, Ei, Grieß, Vanillezucker, Quark und 1 Prise Salz dazugeben, die Zutaten in der Schüssel mit den Händen rasch zu einem glatten Teig verkneten und auskühlen lassen.

2 Kartoffelteig auf einer bemehlten Arbeitsfläche zu einer daumendicken Stange rollen und diese quer in 1,5 cm dicke Scheiben schneiden. Teigstücke mit der flachen Hand zu kurzen, dicken Nudeln rollen (»wuzeln«).

3 In einem großen Topf ca. 1 l Wasser aufkochen, dieses salzen und die Kartoffelnudeln darin offen bei kleiner Hitze in ca. 8 Min. gar ziehen lassen.

4 Die Butter in einer Pfanne schmelzen und Mohn und Puderzucker darin anrösten. Die Nudeln mit einem Schaumlöffel aus dem Wasser heben, abtropfen lassen und in der Mohnmischung wälzen. Die Mohnnudeln auf vier Tellern anrichten, mit Puderzucker bestreuen und zusammen mit dem Apfelkompott servieren.

MARILLENKNÖDL

APRIKOSENKNÖDEL

Für 4 Portionen
45 Min. Zubereitung
10 Min. Garen
Pro Portion: ca. 1220 kcal

FÜR DEN TEIG
140 g weiche Butter
abgeriebene Schale von 1 Bio-Zitrone
2 Eigelb
130 g Weichweizengrieß
Salz
140 g Mehl
500 g Quark (20 % Fett)

FÜR DIE FÜLLUNG
8 Aprikosen
8 Würfelzucker

FÜR DIE BUTTERBRÖSEL
150 g Butter
180 g Semmelbrösel
1 EL Zucker
1 Prise Zimtpulver

AUSSERDEM
Mehl zum Arbeiten
2 EL Puderzucker

1 Für den Teig die Butter in einer Schüssel mit den Rührbesen des Handrührgeräts schaumig rühren. Zitronenschale und die Eigelbe unterrühren, nach und nach Grieß und 1 Prise Salz zugeben. Abwechselnd Mehl und Quark zugeben und mit einem Kochlöffel rühren, bis ein glatter Teig entstanden ist. Den Teig auf leicht bemehlter Arbeitsfläche zu einer Rolle formen, in acht Scheiben schneiden und diese flach drücken.

2 Für die Füllung die Aprikosen waschen, mit einem Kochlöffelstiel entkernen und mit je 1 Würfelzuckerstück füllen. Auf jede Teigscheibe 1 Aprikose legen, diese mit dem Teig umhüllen und daraus einen Knödel formen, dabei die Luft herausdrücken.

3 Reichlich Wasser in einen großen Topf füllen, aufkochen, salzen und die Aprikosenknödel darin in ca. 10 Min. zugedeckt bei kleiner Hitze köcheln lassen.

4 Inzwischen für die Brösel die Butter in einer Pfanne schmelzen, Semmelbrösel, Zucker und Zimt zugeben und bei kleiner Hitze goldbraun rösten, dabei ständig rühren. Die Knödel aus dem Wasser heben, abtropfen lassen, in den Bröseln wälzen, dann auf vier Tellern anrichten und mit Puderzucker bestreut servieren.

KUCHEN, TORTEN UND DESSERTS

Wer das große Kuchen- und Tortenglück sucht, der wird es in Österreich finden. Opulente Torten, Schmalzgebäck und Strudel werden in den Kaffeehäusern mit viel Liebe zum Detail serviert. Darf's dazu noch ein kleiner Brauner oder ein Einspänner sein, gnä' Frau?

GEBACKNE MÄUSE

SCHMALZGEBÄCK

Für 4 Portionen
45 Min. Zubereitung
1 Std. 30 Min. Ruhen
Pro Portion: ca. 1000 kcal

FÜR DEN HEFETEIG

100 ml Milch
30 g frische Hefe
400 g Mehl
1 Ei
3 Eigelb
10 g Salz
50 g Zucker
½ Pck. Vanillezucker
abgeriebene Schale von 1 Bio-Zitrone
3 EL Rum
90 g zimmerwarme Butter

FÜR DIE VANILLESAUCE

3 Eigelb
50 g Zucker
½ Vanilleschote
125 g Sahne
125 ml Milch

AUSSERDEM

Mehl zum Arbeiten
500 ml Öl zum Frittieren
2 EL Puderzucker

1 Für den Hefeteig 50 ml Milch in einem großen Topf erwärmen. Die Hefe dazubröckeln und darin auflösen, 40 g Mehl dazugeben und den Topfinhalt zu einem dickflüssigen Brei (»Dampfl«) verrühren. Diesen mit 1 EL Mehl bestreuen und zugedeckt an einem warmen Ort ca. 30 Min. ruhen lassen, bis sich sein Volumen deutlich vergrößert hat und die Oberfläche Risse zeigt.

2 Ei, Eigelbe, Salz, Zucker, Vanillezucker und die Zitronenschale in eine große Rührschüssel geben und mit den Rührbesen des Handrührgeräts in ca. 1 Min. schaumig schlagen. Restliche Milch (50 ml) und den Rum einrühren. Restliches Mehl (350 g), Dampfl und Butter dazugeben und alles mit den Knethaken des Handrührgeräts glatt verkneten. Den Hefeteig mit 1 EL Mehl bestreuen und zugedeckt bei Raumtemperatur ca. 1 Std. ruhen lassen, bis sich sein Volumen verdoppelt hat.

3 Für die Sauce Eigelbe und Zucker in einen Topf geben und verrühren. Vanilleschote längs aufschneiden und das Mark mit einem spitzen Messer herauskratzen. Dann Sahne, Milch, Vanillemark und -schote in einen kleinen Topf geben und aufkochen. Vanilleschote entfernen und die Mischung unter Rühren in die Eigelbmasse gießen. Sauce bei kleiner Hitze erwärmen, bis sie eine cremige Konsistenz erreicht hat, dann durch ein Sieb abgießen, in einer Schüssel auffangen und kühl stellen.

4 In einem hohen Topf das Öl zum Frittieren stark erhitzen. Wenn an einem ins Öl gehaltenen Holzkochlöffelstiel Bläschen aufsteigen, ist es heiß genug. Vom Hefeteig mit einem nassen Esslöffel gleich große Portionen abstechen und mit der Oberseite nach unten ins heiße Öl legen. Die Mäuse portionsweise darin in ca. 1 Min. goldbraun backen, wenden und 1 Min. weiterbacken.

5 Die Mäuse mit einem Schaumlöffel aus dem Öl heben, auf Küchenpapier entfetten und trocken tupfen. Die gebackenen Mäuse auf vier tiefen Tellern mit Vanillesauce anrichten, mit Puderzucker bestreuen und servieren.

PALATSCHINKEN MIT SCHOKOLADENSAUCE

PFANNKUCHEN MIT SCHOKOLADENSAUCE

Für 4 Portionen
45 Min. Zubereitung
15 Min. Ruhen
Pro Portion: ca. 690 kcal

FÜR DEN TEIG

400 ml Milch
200 g Mehl
1 TL Zucker
Salz
4 Eier
5 EL Öl

FÜR DIE SAUCE

80 g Bitterkuvertüre
(70 % Kakaoanteil)
50 ml Milch

FÜR DIE FÜLLUNG

100 g Aprikosenkonfitüre
20 ml Rum (nach Belieben)

AUSSERDEM

30 g Haselnusskerne
20 g Puderzucker

1 Für den Teig Milch, Mehl, Zucker und 1 Prise Salz in einer Schüssel verquirlen. Die Eier nach und nach mit einem Schneebesen untermischen. Sollten dabei Klümpchen entstehen, den Teig durch ein Sieb gießen. Den Teig ca. 15 Min. ruhen lassen. Backofen auf 50° vorheizen.

2 Eine beschichtete Pfanne (24 cm Ø) erhitzen und dünn mit Öl ausstreichen (Naturhaarpinsel verwenden!). So viel Teig in die Pfanne gießen, dass der Boden dünn bedeckt ist, die Pfanne dabei leicht schräg halten und dann drehen, damit der Teig sich gleichmäßig verteilt.

3 Wenn die Oberseite des Pfannkuchens gestockt ist und die Unterseite Farbe angenommen hat, den Pfannkuchen wenden und weiterbacken, bis die Unterseite ebenfalls gebräunt ist. Den Pfannkuchen aus der Pfanne heben und im vorgeheizten Backofen warm halten. Aus dem restlichen Teig auf die gleiche Art und Weise ebenfalls Pfannkuchen backen und warm halten.

4 Für die Schokoladensauce die Kuvertüre fein hacken. Milch in einem Topf aufkochen, Kuvertüre dazugeben und unter Rühren darin auflösen. Die Haselnüsse grob hacken und in einer Pfanne ohne Fett bei mittlerer Hitze rösten, bis sie anfangen zu duften.

5 Für die Füllung die Konfitüre in einem Topf erwärmen und nach Belieben mit Rum verfeinern. Pfannkuchen aus dem Ofen nehmen, mit der Konfitüre bestreichen, einrollen und auf vier Tellern anrichten. Palatschinken mit Schokoladensauce beträufeln, mit Nüssen bestreuen und mit Puderzucker bestreut servieren.

MARMORGUGELHUPF

MARMORKUCHEN

Für 1 Gugelhupfform (20 cm ∅; ergibt 10 Stücke)
30 Min. Zubereitung
1 Std. 10 Min. Backen
Pro Stück: ca. 560 kcal

1 Bio-Zitrone
7 Eier
220 g Zucker
350 g weiche Butter
40 g Kartoffelstärke
20 g Puderzucker
1 Pck. Vanillezucker
Salz
250 g Mehl
10 g Kakaopulver
20 g Öl

AUSSERDEM
weiche Butter und Mehl
2 EL Puderzucker

1 Die Gugelhupfform mit Butter ausstreichen und mit Mehl ausstreuen. Den Backofen auf 170° vorheizen. Die Zitrone heiß waschen, abtrocknen und die Schale fein abreiben.

2 Die Eier trennen. Die Eiweiße mit den Rührbesen des Handrührgeräts fast steif schlagen, dann den Zucker unter Rühren nach und nach dazugeben, bis sich der Zucker aufgelöst hat und ein cremiger Eischnee entstanden ist.

3 Butter zusammen mit Zitronenschale, Stärke, Puderzucker, Vanillezucker und 1 Prise Salz in eine Schüssel geben und mit den Rührbesen des Handrührgeräts schaumig schlagen. Die Eigelbe nach und nach unterrühren.

4 Den Eischnee vorsichtig unterheben, dann das Mehl auf die Butter-Eier-Masse sieben, unterheben und die Masse halbieren. Kakao, Öl und 20 ml heißes Wasser in einer kleinen Schüssel glatt rühren und dann unter eine Massenhälfte rühren. Abwechselnd dunkle und helle Masse in die Gugelhupfform füllen und mit einem Holzspieß Muster in den Teig ziehen.

5 Den Gugelhupf im heißen Backofen (unten) ca. 1 Std. 10 Min. backen. Mithilfe der Stäbchenprobe kontrollieren, ob der Kuchen fertig ist. Den Kuchen kurz in der Form abkühlen lassen, auf eine Kuchenplatte stürzen, vollständig auskühlen lassen und mit Puderzucker bestreuen.

KAISERGUGELHUPF

KAISERKUCHEN

Für 1 Gugelhupfform (20 cm ∅; ergibt 10 Stücke)
45 Min. Zubereitung
1 Std. Backen
Pro Stück: ca. 660 kcal

270 g Mehl
100 g Bitterschokolade
100 g Walnusskerne
6 Eier
200 g Zucker
1 Bio-Zitrone
350 g weiche Butter
70 g Puderzucker
Salz
1 Pck. Vanillezucker
3 EL Rum

AUSSERDEM
weiche Butter und Mehl
2 EL Puderzucker

1 Die Gugelhupfform mit Butter ausstreichen und mit Mehl ausstreuen. Den Backofen auf 160° vorheizen. Mehl in eine Schüssel sieben. Schokolade und Walnüsse in ca. 5 mm große Stücke hacken und zum Mehl geben.

2 Die Eier trennen. Die Eiweiße mit den Rührbesen des Handrührgeräts fast steif schlagen, dann den Zucker unter Rühren nach und nach dazugeben, bis er sich aufgelöst hat und ein cremiger Eischnee entstanden ist. Zitrone heiß waschen, abtrocknen und die Schale abreiben.

3 Butter, Puderzucker, 1 Prise Salz, Vanillezucker und Zitronenschale mit den Rührbesen des Handrührgeräts schaumig schlagen.

4 Die Eigelbe nach und nach unterrühren. Dann ein Drittel des Eischnees zu der Eigelb-Butter-Masse geben und unterheben. Rum und Mehlmischung unterrühren und zum Schluss den restlichen Eischnee unter die Buttermasse heben.

5 Die Masse in die Form füllen und den Gugelhupf im heißen Backofen (unten) ca. 1 Std. backen. Mithilfe der Stäbchenprobe kontrollieren, ob der Kuchen fertig ist. Den Kuchen kurz in der Form abkühlen lassen, auf eine Kuchenplatte stürzen, vollständig auskühlen lassen, dann mit Puderzucker und nach Belieben noch mit Schokoladenspänen bestreuen und servieren.

OPFLSTRUDL

APFELSTRUDEL

Beim Thema Apfelstrudel geht es nicht um mögen oder nicht mögen. Nein, in Österreich ist es gar keine Frage, dass Apfelstrudel auf den Tisch kommt – alleiniger Streitpunkt ist: Gehören Semmelbrösel in die Füllung oder nicht? Entscheiden Sie es einfach selbst!

Für 1 Strudel (ergibt 8 Stücke)
1 Std. 10 Min. Zubereitung
1 Std. Ruhen
35 Min. Backen
Pro Stück: ca. 525 kcal

FÜR DEN TEIG

250 g Mehl
2 EL + 1 TL Öl
Salz

FÜR DIE FÜLLUNG

1 Bio-Zitrone
1,2 kg Äpfel (z. B. Boskop oder Gravensteiner)
100 g Zucker
1 Pck. Vanillezucker
1 TL Zimtpulver
5 EL Rum
50 g Rosinen
180 g Butter
100 g Semmelbrösel

AUSSERDEM

Mehl zum Arbeiten
weiche Butter fürs Blech
2 EL Puderzucker

1 Für den Teig das Mehl auf die Arbeitsfläche sieben, in die Mitte eine Mulde drücken. 2 EL Öl, 120 ml lauwarmes Wasser und 1 Msp. Salz in die Mulde geben, verrühren und immer mehr Mehl vom Rand untermischen. Dann den Teig mit der Hand glatt kneten. Den Teig zu einer Kugel formen, auf einen bemehlten Teller legen und dünn mit dem restlichen Öl (1 TL) einstreichen. Den Teig mit Frischhaltefolie zudecken und ca. 1 Std. ruhen lassen.

2 Für die Füllung die Zitrone heiß waschen, abtrocknen, die Schale abreiben und den Saft auspressen. Äpfel schälen, vierteln, von den Kerngehäusen befreien, in dünne Scheiben schneiden und in eine Schüssel geben. Zucker, Vanillezucker, Zitronensaft und -schale, Zimt, Rum und Rosinen untermischen. Die Füllung ca. 15 Min. ziehen lassen, dann den entstandenen Saft abgießen.

3 120 g Butter in einer Pfanne schmelzen und die Semmelbrösel darin anrösten. Den Backofen auf 180° vorheizen. Ein Backblech mit weicher Butter bestreichen.

4 Den Strudelteig auf einem gut bemehlten Küchentuch ausrollen und über die Handrücken dünn auf eine Größe von ca. 70 × 50 cm ausziehen. Die restliche Butter (60 g) schmelzen und die Teigplatte damit beträufeln. Die Semmelbrösel und die Apfelmischung längs auf dem unteren Drittel des Teiges verteilen. Dicke Teigränder rundum knapp einschlagen und wegschneiden und den Teig mithilfe des Tuchs einrollen.

5 Strudel mit der Naht nach unten auf das Blech legen und im heißen Backofen (unten) ca. 35 Min. backen. Den Strudel vor dem Anschneiden lauwarm abkühlen lassen und mit Puderzucker bestreut servieren. Dazu schmeckt Vanillesauce, Vanilleeis oder Schlagsahne.

KAFFEEHÄUSER – ABER BITTE MIT SAHNE

Seit 1939 hat das Kaffeehaus Hawelka in Wien seine Türen für Gäste geöffnet, die an den Marmortischen feinste Wiener Kaffeekultur genießen wollen.

Bereits im 14. Jahrhundert war Kaffee in Äthiopien bekannt. Doch erst im 17.Jahrhundert eroberte die Kaffeebohne den ganzen europäischen Kontinent. Im Zuge dessen wurde 1683 das erste Kaffeehaus in Wien eröffnet, das die Menschen, oder besser die Männer, denen der Besuch desselbigen vorbehalten war, von Anfang an liebten.

Für viele Dichter, Musiker und Philosophen war und ist das Kaffeehaus ihr zweites Wohnzimmer, dort wurde diskutiert und bei Einspänner, Almkaffee und Co. so manches Meisterstück komponiert oder gedichtet. Vor allem in Wien ist die Vielfalt an Kaffeespezialitäten schier endlos. Da gibt es den klassischen kleinen und großen Espresso, die Wiener Melange – ein kleiner Mokka in einer großen Kaffeetasse mit geschäumter Milch und Schaumhäubchen serviert –, aber auch den Einspänner: ein doppelter Espresso in einem Glas mit Henkel, der mit heißem Wasser aufgegossen und mit einer Haube aus Schlagsahne kredenzt wird.

Ob mit Milch, Sahne, Gewürzen, mit oder ohne Schuss – sie alle, vom Pharisäer bis zum klassischen Häferlkaffee, kommen in gemütlicher Atmosphäre auf den Tisch. Und stundenlang wurde und wird dazu in den Zeitungen aus der ganzen Welt geschmökert – das gehört zur Kaffeehauskultur wie die Vanillesauce zum Apfelstrudel.

Die Presse

SACHERTORTN

SACHERTORTE

Die Kreation des Küchengehilfen Franz Sacher hat bereits Anfang des 19. Jahrhunderts genau den Geschmack von Fürst Metternich getroffen und ist bis heute ein Klassiker in den Kuchentheken der Wiener Kaffeehäuser, der nicht mehr wegzudenken ist.

Für 1 Springform (24 cm ⌀; ergibt 16 Stücke)
55 Min. Zubereitung
1 Std. Backen
3 Std. Kühlen
Pro Stück: ca. 485 kcal

FÜR DEN TEIG

200 g dunkle Kuvertüre
7 Eier
200 g Zucker
200 g weiche Butter
60 g Puderzucker
1 Pck. Vanillezucker
Salz
180 g Mehl

FÜR DIE FÜLLUNG

200 g Aprikosenkonfitüre

FÜR DIE GLASUR

160 g Zucker
200 g dunkle Kuvertüre
200 g Sahne (nach Belieben)

AUSSERDEM

weiche Butter und Mehl für die Form
1 EL Zucker

1 Den Backofen auf 160° vorheizen. Die Form mit Butter ausstreichen und mit Mehl ausstreuen. Für den Teig die Kuvertüre fein hacken und über einem heißen Wasserbad schmelzen. Eier trennen. Die Eiweiße mit den Rührbesen des Handrührgeräts fast steif schlagen, Zucker unter Rühren nach und nach dazugeben, bis er sich aufgelöst hat und ein cremiger Eischnee entstanden ist.

2 Butter, Puderzucker, Vanillezucker und 1 kleine Prise Salz in einer Rührschüssel mit den Rührbesen des Handrührgeräts cremig rühren. Warme Kuvertüre (40–45°) untermischen. Die Masse cremig schlagen, dann die Eigelbe nach und nach unterrühren. Ein Drittel des Eischnees unterheben. Dann restlichen Eischnee und das Mehl behutsam mit einem Teigschaber unterheben. Die Masse in die Springform füllen, zum Rand hin hochstreichen und im heißen Ofen (Mitte) ca. 1 Std. backen.

3 Torte aus dem Ofen nehmen, mit Zucker bestreuen, mit einer Lage Backpapier bedecken, umdrehen und in der Form auskühlen lassen. Dann die Springform öffnen und abheben. Torte zweimal horizontal durchschneiden. Für die Füllung die Konfitüre glatt rühren. Den unteren und mittleren Tortenboden mit je ca. 3 EL Konfitüre bestreichen, alle drei Böden aufeinandersetzen und die Torte mit der restlichen Konfitüre rundum einstreichen.

4 Für die Glasur 120 ml Wasser und den Zucker in einen Topf geben, aufkochen und bei großer Hitze ca. 3 Min. kochen lassen. Inzwischen die Kuvertüre in kleine Stücke brechen, ins warme Zuckerwasser geben und so lange rühren, bis eine dickflüssige Glasur entstanden ist. Diese lauwarm abkühlen lassen, über die Torte gießen und mit einer Palette gleichmäßig verstreichen. Torte ca. 3 Std. kalt stellen, bis die Glasur fest geworden ist. Die Sahne nach Belieben leicht steif schlagen und dazu servieren.

PUNSCHKRAPFERL

PUNSCHKRAPFEN

Für 12 Stück
1 Std. Zubereitung
20 Min. Backen
2 Std. Kühlen
2 Std. Trocknen
Pro Stück: ca. 380 kcal

FÜR DIE SANDMASSE

50 g Butter
5 Eier
100 g Puderzucker
Salz
1 Pck. Vanillezucker
abgeriebene Schale von 1 Bio-Zitrone
80 g Mehl
80 g Kartoffelstärke

FÜR DIE FÜLLUNG

130 g + 2 EL Aprikosenkonfitüre
100 ml Rum

FÜR DIE PUNSCHGLASUR

450 g Puderzucker
30 ml Rum
3 Tropfen rote Lebensmittelfarbe
50 g Bitterschokolade

1 Den Backofen auf 200° vorheizen. Für die Sandmasse die Butter schmelzen. Eier, Puderzucker, 1 gute Prise Salz, Vanillezucker und Zitronenschale in eine Schüssel geben und mit den Rührbesen des Handrührgeräts in ca. 5 Min. dickcremig schlagen. Mehl und Stärke daraufsieben und mit einem Teigschaber unterheben. Zum Schluss die flüssige Butter unterziehen und die Masse auf ein mit Backpapier belegtes Backblech streichen.

2 Die Masse im heißen Backofen (Mitte) 15–20 Min. backen und auskühlen lassen. Die Seitenränder der Teigplatte schmal abschneiden. Die Teigplatte vierteln, zwei Viertel zusammen mit den abgeschnittenen Rändern in 1 cm große Würfel schneiden. Die beiden anderen Viertel sind Boden und Deckel der Punschkrapfen.

3 Für die Füllung die Biskuitwürfel in eine Schüssel geben. 130 g Konfitüre, Rum und 40 ml Wasser in einem Topf aufkochen, über die Würfel gießen und untermischen. Teigplatten mit je 1 EL Aprikosenkonfitüre bestreichen. Auf einer Teigplatte die Füllung verteilen, die zweite Teigplatte mit der Konfitürenseite nach unten auflegen und leicht andrücken. Den Kuchen mit Backpapier abdecken, ein Brett zum Beschweren darauflegen und den Kuchen ca. 2 Std. in den Kühlschrank stellen. Das Brett und das Backpapier entfernen, Seitenränder der Teigplatten gerade schneiden und den Kuchen in zwölf gleichmäßige Stücke schneiden.

4 Für die Punschglasur Puderzucker, Rum und Lebensmittelfarbe zusammen mit 40 ml heißem Wasser in eine Schüssel geben und verrühren. Krapfen auf ein Gitter setzen, einen Teller darunter stellen, damit die abtropfende Glasur aufgefangen wird, und die Würfel mit der Punschglasur übergießen. Abgetropfte Punschglasur in einen Topf geben, leicht erwärmen und erneut über die Krapfen gießen, bis alle Würfel damit überzogen sind. Punschkrapfen an einem kühlen Ort ca. 2 Std. trocknen lassen. Schokolade hacken, über einem heißen Wasserbad schmelzen, in einen Gefrierbeutel füllen, eine kleine Ecke abschneiden, Krapfen mit sehr dünnen Schokoladenlinien verzieren und trocknen lassen.

BISKUITROLLE

BISKUITROULADE

Für 1 Roulade (12 Stücke)
30 Min. Zubereitung
15 Min. Backen
Pro Stück: ca. 160 kcal

5 Eier
70 g Zucker
50 g Puderzucker
Salz
1 Pck. Vanillezucker
abgeriebene Schale
von 1 Bio-Zitrone
120 g Mehl
200 g Aprikosenkonfitüre

AUSSERDEM
2 EL Puderzucker

1 Den Backofen auf 200° vorheizen. Die Eier trennen. Die Eiweiße mit den Rührbesen des Handrührgeräts fast steif schlagen, dann den Zucker unter ständigem Rühren nach und nach dazugeben, bis sich der Zucker aufgelöst hat und ein cremiger Eischnee entstanden ist.

2 Eigelbe, Puderzucker, 1 Prise Salz, Vanillezucker und Zitronenschale in eine Schüssel geben und mit den Rührbesen des Handrührgeräts dickcremig schlagen. Eischnee vorsichtig mit dem Teigschaber unter die Eigelbmasse heben. Das Mehl daraufsieben, vorsichtig unterheben und die Masse auf ein mit Backpapier belegtes Backblech streichen. Die Teigplatte im heißen Ofen (Mitte) ca. 15 Min. backen.

3 Eine Lage Backpapier auf die Teigplatte legen und die Teigplatte daraufstürzen. Das Backblech entfernen und das Backpapier, das am Teig klebt und jetzt oben liegt, abziehen.

4 Aprikosenkonfitüre in einer Schale glatt rühren und auf der Teigplatte verstreichen. Die Platte mithilfe des Backpapiers zu einer Roulade rollen, mit Puderzucker bestreuen und servieren.

LINZER TORTN

LINZER TORTE

Für 1 Springform (24 cm ∅; ergibt 12 Stücke)
45 Min. Zubereitung
50 Min. Backen
Pro Stück: ca. 490 kcal

250 g weiche Butter
190 g Puderzucker
½ TL Zimtpulver
3 Msp. gemahlene Nelken
10 g Backpulver
150 g gemahlene Haselnusskerne
350 g Mehl, 4 Eier
250 g rotes Johannisbeergelee
20 g Mandelblättchen

AUSSERDEM
weiche Butter für die Form

1 Die Springform mit Butter ausstreichen. Butter, Puderzucker, Zimt und Nelken in eine Rührschüssel geben und mit den Rührbesen des Handrührgeräts kurz verrühren. Backpulver, Nüsse, Mehl und 3 Eier zugeben, dann rasch mit einem Teigschaber unterheben und zu einem glatten Teig verkneten.

2 Zwei Drittel des Teiges in die Form füllen und glatt streichen. Dann den Backofen auf 160° vorheizen. Teig in der Form mit dem Johannisbeergelee bestreichen. Den restlichen Teig in einen Spritzbeutel mit großer Sterntülle füllen und am Formrand entlang und in der Mitte des Kuchens als rautenförmiges Gitter auf das Johannisbeergelee aufspritzen.

3 Das restliche Ei in eine Tasse aufschlagen, verquirlen und das Teiggitter damit bestreichen. Die Torte mit den Mandelblättchen locker bestreuen und im heißen Ofen (Mitte) ca. 50 Min. backen, dann auskühlen lassen und servieren.

CREMESCHNITTN

CREMESCHNITTEN

Für 10 Stücke
50 Min. Zubereitung
4 Std. Kühlen
20 Min. Backen
2 Std. Trocknen
Pro Stück: ca. 545 kcal

FÜR DIE BÖDEN

330 g frischer Blätterteig (Kühlregal)

FÜR DIE CREME

8 Blatt Gelatine
300 ml Milch
2 Eigelb
1 Pck. Vanillepuddingpulver
150 g Zucker
1 Pck. Vanillezucker
Salz
750 g Sahne

FÜR DIE GLASUR

30 g Aprikosenkonfitüre
160 g Puderzucker
Saft von ½ Zitrone

1 Für die Böden den Blätterteig entrollen und in kurzen Abständen mit einer Gabel einstechen, anschließend quer halbieren. Die Teigplatten mit Frischhaltefolie abdecken und ca. 20 Min. in den Kühlschrank legen.

2 Inzwischen den Backofen auf 200° vorheizen. Ein Backblech mit Backpapier belegen, die Blätterteighälften mit etwas Abstand zueinander darauflegen, dann eine Lage Backpapier auf die Teigplatten legen und ein zweites Backblech auflegen. So geht der Teig beim Backen nicht so stark auf. Teigplatten im heißen Backofen (Mitte) in ca. 20 Min. goldgelb backen.

3 Für die Creme die Gelatine nach Packungsanweisung in kaltem Wasser einweichen. 3 EL Milch, die Eigelbe und das Puddingpulver in einer Tasse glatt verrühren. Restliche Milch (270 ml) zusammen mit Zucker, Vanillezucker und 1 Prise Salz in einem Topf zum Kochen bringen. Die Puddingmischung unter Rühren zugießen und die Creme ca. 1 Min. köcheln lassen, vom Herd nehmen, Gelatine ausdrücken, in die Creme geben und darin auflösen. Die Creme in eine Schüssel füllen und abkühlen lassen. Die Sahne leicht steif schlagen und zum Schluss unter die lauwarm abgekühlte Creme heben.

4 Eine Teighälfte auf ein Brettchen legen. Einen rechteckigen Backrahmen auf die Größe der Teigplatte (ca. 20 × 24 cm) schieben und drum herum stellen. Die Creme einfüllen und glatt streichen. Zweite Teigplatte mit der Oberseite nach unten darauflegen, ganz leicht andrücken und die Schnitte ca. 4 Std. kühl stellen.

5 Für die Glasur die Konfitüre auf dem Kuchen verteilen und glatt streichen. Puderzucker und den Zitronensaft in eine Schüssel geben und verrühren. Die Konsistenz soll leicht fließend sein. Glasur auf der Konfitüre verstreichen und in ca. 2 Std. fest werden lassen. Die Cremeschnitte rundum mit einem Messer vom Rand des Backrahmens lösen und diesen abheben. Den Kuchen mit einem Sägemesser in zehn Stücke schneiden und servieren.

MOHR IM HEMD

SCHOKOKÜCHLEIN MIT SCHOKOLADENSAUCE

Seinen Namen hat das Schokoküchlein angeblich als Hommage an die gelungene Uraufführung von Verdis »Otello« an der Wiener Hofoper erhalten. Wer aus Gründen der Political Correctness das Wort »Mohr« nicht in den Mund nehmen möchte, kann es auch als Schokohupf mit Schlag in selbigen nehmen.

Für 4 Portionen (8 Stück)
45 Min. Zubereitung
20 Min. Backen
Pro Stück: ca. 520 kcal

60 g geschälte gemahlene Mandeln
1 EL Speisestärke
30 g Semmelbrösel
6 Eier (M)
50 g Zucker
250 g Bitterschokolade (50 % Kakaoanteil)
100 g weiche Butter
Salz
30 g Puderzucker
1 Pck. Vanillezucker
1 Vanilleschote
250 ml Milch
125 g Sahne

AUSSERDEM
Auflaufform aus Metall (ca. 30 × 20 × 7 cm)
8 Auflaufförmchen (150 ml)
weiche Butter und Zucker für die Förmchen

1 Backofen auf 180° vorheizen. In die Metallform ca. 3 cm hoch Wasser gießen und die Form auf der mittleren Schiene in den Backofen stellen. Die Auflaufförmchen mit Butter ausstreichen und mit Zucker ausstreuen.

2 Mandeln, Stärke und Brösel in einer Schüssel mischen. Die Eier trennen. Die Eiweiße mit den Rührbesen des Handrührgeräts fast steif schlagen, den Zucker unter Rühren nach und nach dazugeben, bis er sich aufgelöst hat und ein cremiger Eischnee entstanden ist.

3 100 g Schokolade in Stückchen brechen und über einem heißen Wasserbad schmelzen. Butter, 1 kleine Prise Salz, Puder- und Vanillezucker in eine Schüssel geben und mit den Rührbesen des Handrührgeräts schaumig schlagen. Geschmolzene Schokolade (40–45°) unterheben, dann die Eigelbe nach und nach unterrühren. Den Eischnee mit einem Teigschaber unter die Butter-Schoko-Masse ziehen und die Mandelmischung unterheben.

4 Die Schokoladenmasse in die Förmchen füllen, diese ins Wasser in der Metallform im Ofen stellen und die Küchlein im heißen Backofen ca. 20 Min. backen.

5 Inzwischen für die Schokosauce die Vanilleschote längs halbieren und das Mark mit einem spitzen Messer herauskratzen. Milch, Vanillemark und -schote in einen Topf geben und aufkochen. Die Vanilleschote entfernen. Die restliche Bitterschokolade (150 g) in Stücke brechen, in der heißen Vanillemilch auflösen und glatt rühren.

6 Sahne in eine Schüssel geben und leicht steif schlagen. Je zwei Küchlein auf einen Teller stürzen. Mit warmer Schokosauce begießen und mit Schlagsahne garnieren.

SCHLOSSERBUBEN

DÖRRPFLAUMEN IM BACKTEIG

Für 12 Stück
45 Min. Zubereitung
Pro Stück: ca. 260 kcal

200 ml Rotwein
1 kleine Zimtstange
1 Sternanis
24 getrocknete Pflaumen
12 Mandeln
250 ml Weißwein
230 g Mehl
2 Msp. Backpulver
3 Eier
Salz
1 EL Zucker
1 EL Vanillezucker
2 EL Sonnenblumenöl

AUSSERDEM
40 g Bitterkuvertüre (50 % Kakaoanteil)
4 EL Puderzucker
400 ml Öl zum Frittieren
2 EL Kartoffelstärke

1 Für die Füllung Rotwein, 100 ml Wasser, Zimtstange und Sternanis in einen Topf geben und aufkochen. Die Pflaumen einlegen, einmal aufkochen lassen, beiseitestellen und auskühlen lassen. Dann die Pflaumen aus dem Sud nehmen und gut abtrocknen. Je 2 Pflaumen mit je 1 Mandel dazwischen zusammensetzen.

2 Für den Backteig Weißwein, Mehl und Backpulver in eine Schüssel geben und verrühren. Die Eier trennen. Eiweiße mit 1 Prise Salz zu steifem Schnee schlagen und unterheben. Eigelbe, Zucker, Vanillezucker und Öl in die Weinmasse einrühren.

3 Kuvertüre fein reiben, zusammen mit dem Puderzucker in einen tiefen Teller geben und mischen. Das Öl zum Frittieren in einen hohen Topf geben und erhitzen. Wenn an einem ins Öl gehaltenen Holzkochlöffelstiel Bläschen aufsteigen, ist das Öl heiß genug.

4 Die gefüllten Pflaumen in der Stärke wenden, dann mithilfe einer Gabel durch den Teig ziehen und im heißen Öl in ca. 5 Min. goldbraun backen. Gebäck auf Küchenpapier entfetten, dann in der Schoko-Zucker-Mischung wenden und auf vier Tellern anrichten.

SALZBURGER NOCKERL

PREISELBEEREN MIT SCHAUMHÄUBCHEN

Zutaten für 4 Portionen
15 Min. Zubereitung
14 Min. Backen
Pro Stück: ca. 345 kcal

250 g TK-Himbeeren
50 g Puderzucker
6 Eiweiß
90 g Zucker
1 Pck. Vanillezucker
abgeriebene Schale von 1 Bio-Zitrone
4 Eigelb
15 g Mehl
2 EL Milch
3 EL Preiselbeeren (aus dem Glas)

AUSSERDEM
1 Auflaufform (ca. 20 × 8 × 7 cm)
weiche Butter für die Form
2 EL Puderzucker

1 Für die Sauce die Himbeeren antauen lassen, zusammen mit dem Puderzucker in einen hohen Rührbecher geben und mit einem Pürierstab fein pürieren.

2 Backofen auf 220° vorheizen. Die Eiweiße mit den Rührbesen des Handrührgeräts fast steif schlagen, dann den Zucker nach und nach zugeben und weiterrühren, bis der Zucker sich aufgelöst hat und ein cremiger Schnee entstanden ist. Vanillezucker und Zitronenschale zugeben. Eigelbe verquirlen und unterziehen, dann das Mehl vorsichtig mit einem Teigschaber unterheben.

3 Milch und Preiselbeeren in eine Tasse geben und verrühren. Auflaufform mit weicher Butter ausstreichen und die Preiselbeermischung darin verteilen.

4 Mit einer Teigkarte aus der Schneemasse drei große Nockerl ausstechen, auf der Preiselbeermischung verteilen und im heißen Ofen (Mitte) 10–14 Min. backen. Nockerl mit Puderzucker bestreuen und zusammen mit der Himbeersauce sofort servieren.

BRÄUGASTHOF
ZIMMER
ROOMS

TOPFENSTRUDL

QUARKSTRUDEL

Für 12 Stücke
45 Min. Zubereitung
40 Min. Backen
Pro Stück: ca. 405 kcal

2 Pck. frischer Blätterteig (ca. 540 g; Kühlregal)
4 Eier
50 g Zucker
100 g weiche Butter
40 g Puderzucker
Salz
1 Pck. Vanillezucker
abgeriebene Schale von 1 Bio-Zitrone
400 g Quark (20 % Fett)
250 g saure Sahne
90 g Mehl

AUSSERDEM
1 Ei

1 Den Blätterteig aus dem Kühlschrank nehmen und 10 Min. temperieren lassen.

2 Inzwischen den Backofen auf 210° vorheizen. Blätterteig samt dem Papier entrollen und die Teigplatten nebeneinander auf ein Backblech legen.

3 Die Eier trennen. Die Eiweiße mit den Rührbesen des Handrührgeräts fast steif schlagen, nach und nach den Zucker dazugeben und weiterrühren, bis er sich aufgelöst hat und ein cremiger Eischnee entstanden ist.

4 Butter, Puderzucker, 1 kleine Prise Salz, Vanillezucker und Zitronenschale in eine Rührschüssel geben und mit den Rührbesen des Handrührgeräts schaumig schlagen, dann die Eigelbe nach und nach unterrühren.

5 Quark, saure Sahne und Mehl in eine Schüssel geben, gut verrühren und unter die Buttermasse rühren. Zum Schluss den Eischnee vorsichtig mit einem Teigschaber unter die Quarkmasse heben.

6 Die Masse auf den Blätterteigplatten verteilen, dabei die Ränder frei lassen. Die kurzen Seiten ca. 5 cm über die Füllung nach innen schlagen und die Platten von der langen Seite von unten nach oben aufrollen. Die Strudel mit den Nahtstellen nach oben legen.

7 Das Ei in eine Tasse aufschlagen, verquirlen und beide Strudel damit bestreichen. Diese mit einer Gabel mehrmals einstechen und im heißen Backofen (unten) 10 Min. backen, dann die Ofentemperatur auf 175° reduzieren und die Strudel in ca. 30 Min. fertig backen. Die Topfenstrudel heiß auf Tellern anrichten und sofort servieren. Dazu schmeckt Vanillesauce sehr gut.

MALAKOFFTORTN

MALAKOFFTORTE

Für 1 Springform (24 cm ∅; ergibt 12 Stücke)
1 Std. 10 Min. Zubereitung
7 Std. Kühlen
Pro Stück: ca. 455 kcal

FÜR DIE CREME

200 ml Milch
110 g Zucker
Salz
1 Vanilleschote
2 Eier
6 Blatt Gelatine
20 ml Rum
500 g Sahne

ZUM TRÄNKEN

120 ml Rum

AUSSERDEM

200 g Löffelbiskuits
100 g Mandelblättchen
100 g Bitterkuvertüre (50 % Kakaoanteil)
250 g Sahne

1 Für die Creme Milch, Zucker, 1 kleine Prise Salz und die Vanilleschote in einen Topf geben und aufkochen. Die Eier in eine Rührschüssel aufschlagen und verquirlen. Die Vanilleschote aus der heißen Milch entfernen und diese in dünnem Strahl in die Eiermasse laufen lassen, dabei mit einem Schneebesen schnell verrühren. Die Eier-Milch-Mischung zurück in den Topf geben und bei kleiner Hitze unter Rühren mit einem Teigschaber sanft erwärmen, bis die Masse cremig geworden ist, sie darf auf gar keinen Fall kochen, sonst gerinnen die Eier.

2 Die Gelatine nach Packungsanweisung in kaltem Wasser einweichen, dann gut ausdrücken, zusammen mit dem Rum zur Creme geben und darin auflösen. Die Creme durchrühren, durch ein Sieb passieren, dann mit Frischhaltefolie abdecken und abkühlen lassen. Sahne leicht steif schlagen und unter die lauwarme Creme ziehen.

3 Zum Tränken Rum und 260 ml Wasser erwärmen. Die Löffelbiskuits darin tränken. Den Boden der Springform mit einer Schicht Biskuits auslegen, einen Teil der Creme darüber verteilen. So lange fortfahren, bis alle Biskuits bis auf sechs Stück aufgebraucht sind. Mit Creme abschließen und die Torte ca. 7 Std. kalt stellen.

4 Die Mandelblättchen in einer beschichteten Pfanne ohne Fett bei mittlerer Hitze unter Rühren goldbraun rösten, dann auf einen Teller schütten und auskühlen lassen. Die Kuvertüre hacken und über einem heißen Wasserbad schmelzen. Die restlichen Löffelbiskuits halbieren, zur Hälfte in die flüssige Kuvertüre tauchen, abstreifen und auf einer Lage Backpapier trocknen lassen. Die Sahne für die Garnitur halb steif schlagen.

5 Den Rand der Form abheben. Die Torte mit der Schlagsahne rundum einstreichen. Restliche Sahne in einen Spritzbeutel mit Sterntülle füllen und damit Rosetten an den Rand spritzen. Die Schokoladen-Biskuits auf den Rosetten platzieren, die Malakofftorte zum Schluss mit Mandelblättchen bestreuen und servieren.

REGISTER

APPETIT AUF MEHR?

ISBN 978-3-8338-7082-8

ISBN 978-3-8338-7081-1

ISBN 978-3-8338-7304-1

ISBN 978-3-8338-6624-1

ISBN 978-3-8338-7338-6

ISBN 978-3-8338-7077-4

e Alle hier vorgestellten Bücher sind auch als eBook erhältlich.

G|U

Mehr von GU auf **www.gu.de** und **facebook.com/gu.verlag**

IMPRESSUM

LIEBE LESERINNEN UND LESER,

wir wollen Ihnen mit diesem Buch Informationen und Anregungen geben, um Ihnen das Leben zu erleichtern oder Sie zu inspirieren, Neues auszuprobieren. Wir achten bei der Erstellung unserer Bücher auf Aktualität und stellen höchste Ansprüche an Inhalt und Gestaltung. Alle Anleitungen und Rezepte werden von unseren Autoren, jeweils Experten auf ihren Gebieten, gewissenhaft erstellt und von unseren Redakteur*innen mit größter Sorgfalt ausgewählt und geprüft.

Haben wir Ihre Erwartungen erfüllt? Sind Sie mit diesem Buch und seinen Inhalten zufrieden? Wir freuen uns auf Ihre Rückmeldung. Und wir freuen uns, wenn Sie diesen Titel weiterempfehlen, in Ihrem Freundeskreis oder bei Ihrem Online-Kauf.

Sollten wir Ihre Erwartungen so gar nicht erfüllt haben, tauschen wir Ihnen Ihr Buch jederzeit gegen ein gleichwertiges zum gleichen oder ähnlichen Thema um.

KONTAKT ZUM LESERSERVICE

GRÄFE UND UNZER VERLAG
Grillparzerstraße 8
81675 München
www.gu.de

GU ist eine eingetragene Marke der GRÄFE UND UNZER VERLAG GmbH, www.gu.de

ISBN 978-3-8338-7303-4
5. Auflage 2025

Konzept und Projektleitung: Vanessa Lotz
Lektorat: Cora Wetzstein
Korrektorat: Jutta Friedrich
Innen- und Umschlaggestaltung: independent Medien-Design, München: Horst Moser (Artdirection), Svenja Wamser
Herstellung: Martina Koralewska
Satz: L42 AG, Berlin
Reproduktion: Medienprinzen GmbH, München
Druck und Bindung: dimograf

PEFC/32-31-076

Umwelthinweis: Nachhaltigkeit ist uns sehr wichtig. Der Rohstoff Papier ist in der Buchproduktion hierfür von entscheidender Bedeutung. Daher ist dieses Buch auf PEFC-zertifiziertem Papier gedruckt. PEFC garantiert, dass ökologische, soziale und ökonomische Aspekte in der Verarbeitungskette unabhängig überwacht werden und lückenlos nachvollziehbar sind.

Die GU-Homepage finden Sie unter www.gu.de

Der Autor
Alexander Höss-Knakal, geboren in Wien, lebt in Klosterneuburg. Seit 1997 ist der gelernte Koch selbstständig als Foodstylist und Rezeptautor tätig, seine Aufgabenbereiche sind Kochbücher, Magazine und Werbung. Seit 1999 ist er zudem Kochlehrer an der Höheren Lehranstalt für Tourismus Bergheidengasse in Wien.

Der Fotograf
Stefan Liewehr ist Foodfotograf und Grafikdesigner. Er arbeitet für Buchverlage, Magazine und Werbekunden. Mit dem Autor Alexander Höss-Knakal (Foodstyling) hat er die österreichischen Gerichte in seinem Wiener Studio stimmungsvoll in Szene gesetzt.

Bildnachweis:
Daniel Sostaric: 6-1; Getty Images: S. 2, 4, 7, 8-2, 9, 26-1, 27, 46, 61, 73, 90, 91, 120-1, 120-2, 121, 134; GU/Einwanger: 102-2; istock: 135; Shutterstock: 21, 60-1, 60-2, 103; Stocksy: 6-2, 8-1, 20, 26-2, 72, 102-1

Stefan Liewehr:
Cover und alle Rezeptfotos im Innenteil

Ein Dank für die Unterstützung der Fotoproduktion geht an Keramik Barbara Wihann.

Titelrezept:
Wiener Schnitzel mit Petersilienkartoffeln, S. 38

Syndication:
www.imageprofessionals.com

Backofenhinweis:
Die Backzeiten können je nach Herd variieren. Die Temperaturangaben in unseren Rezepten beziehen sich auf das Backen im Elektroherd mit Ober- und Unterhitze und können bei Gasherden oder Backen mit Umluft abweichen. Details entnehmen Sie bitte Ihrer Gebrauchsanweisung.